港澳檔案中的
辛亥革命

霍啓昌 著

商務印書館

港澳檔案中的辛亥革命

作　　者：霍啟昌

責任編輯：徐昕宇

封面設計：張　毅

出　　版：商務印書館 (香港) 有限公司

　　　　　香港筲箕灣耀興道 3 號東滙廣場 8 樓

　　　　　http://www.commercialpress.com.hk

發　　行：香港聯合書刊物流有限公司

　　　　　香港新界大埔汀麗路 36 號中華商務印刷大廈 3 字樓

印　　刷：陽光印刷製本廠有限公司

　　　　　香港柴灣安業街 3 號新藝工業大廈 (6 字) 樓 G 及 H 座

版　　次：2011 年 8 月第 1 版第 1 次印刷

　　　　　© 2011 商務印書館 (香港) 有限公司

　　　　　ISBN 978 962 07 5589 7

　　　　　Printed in Hong Kong

序

　　本人並不是研究孫中山先生及辛亥革命的專家，只是專業研究香港及澳門歷史，而能夠專業從事研究港澳與孫中山及辛亥革命的關係，是獲中央要員及史學界前輩的任命及啟導的緣故。

　　這可追溯到 1983 年，中國史學會於文革後第一次召開全國史學會議，本人應邀到北京參加，期間獲籌辦會議的主腦人物胡繩老前輩，特別在舉行會議的京西賓館房間接見會面。當時，胡老先生是中國社會科學院的院長及中國孫中山研究學會會長。當天的情況及他所說的一番話仍然歷歷在目及餘音猶在。胡先生談到研究孫先生的早期革命思想，直接的第一手資料十分缺乏，而我是少數專門研究港澳歷史的史學家，他要求本人在搜查港澳檔案史料時，特別留意是否仍存有關孫先生在港澳策進辛亥革命運動的珍貴資料。所謂恭敬不如從命，本人欣然接受這個使命，而亦可算是不負使命，果然在港澳檔案發現十分珍貴的有關乙未首義及其他有關孫先生的資料。本人不單將其翻譯成為中文並且寫成文章，先後在中央一級文獻發表，例如〈幾種有關孫中山先生在香港策劃革命的史料試析〉，《回顧與展望──國內外孫中山研究述評》，中華書局，北京，1986 年，440 – 455 頁；〈香港，香港華人與近代中國〉，《近代中國與世界論文集》，中國社會科學院近代史研究所，北京，1990 年，722 – 732 頁；〈孫中山先生早期在香港思想成長的初探〉，《孫中山的時代》，中華書局，北京，第三冊，1990 年，929 – 940 頁；〈香港在辛亥革命成功中的作用的研究〉，《辛亥革命與近代中國》，中華書局，北京，1994 年，487 – 502 頁；〈認識港澳史與辛亥革命研究一些新方向芻議〉，

《辛亥革命與二十世紀的中國》，中國史學會編，中國，北京，中央文獻出版社，2002 年 7 月，頁 2320 – 2368 等便是。

今年三、四月間，在一個偶然機會下，我得與闊別一段時間的好友陳萬雄老總相聚，他談到今年是紀念辛亥革命成功一百周年的大日子，並建議我將這些文章編成論文集出版。但本人一向對出版論文集不感興趣，因為文章已供人閱讀，並無新意。而陳總熟悉國內出版情況，他提點我，中央一級文獻刊物印刷數量很有限，並非一般學者所能閱讀得到。這一點是我以前未有想及的，所以我開始有些猶豫。他再次鼓勵我將這些文章重組，並補入近年來本人發表的一些新論點及新發現的相關資料，編成一新書出版。這可抽着本人最大的弱點，就是整生死性不改的習慣，喜歡接受難度極高的挑戰，尤其是一般人認為無法在很短時間完成的任務，只要是我認為值得做的事。當然最後打動我的心，還是能夠藉此向在整個辛亥革命運動中出錢出力，甚至捐軀的香港愛國華人英魂，致最崇高的敬意。

由此，本已高齡的我便開始了在三、四個月內自找苦吃、人間地獄般的趕稿生涯。幸得萬雄兄的經常鼓勵及支持，毛永波、徐昕宇先生的苦心催迫及多次細心審閱稿件，才能在短短的時間內最後完成本書。藉此機會向他們表示衷心謝意。又在文稿輸入及蒐集資料中得到禤鳳鳴小姐及黃遠娜小姐的幫助，亦謹致同樣謝意。

最後，謹以此書獻給我的太太。本來今年一早承諾在五、六月期間，回美國與兒孫及親友歡聚，慶祝我倆結婚四十周年紀念；但得到她的無私諒解，將此事擱置，並在艱苦趕工的幾個月當中，耐心陪伴左右，悉心照顧，才能編成此書。亦謹向這位在漫長人生旅程中，犧牲一切、追隨左右的忠誠老伴及戰友，致以衷心敬意。

目　錄

1 香港澳門在孫中山研究中的 重要意義

　　澳門、香港在中國近代史上均曾扮演過相當重要角色，但礙於種種原因，一直並未受兩岸史家重視，只是大約從 1980 年開始，中國政府開始與英國政府進行有關香港前途的談判，大陸的歷史學家才首次公開表示需要更多地了解香港歷史。隨着香港、澳門回歸的日期迫近，他們對編寫"港澳史"的興趣與日俱增。同時由於港澳回歸一事，受到世界傳媒廣泛關注，一些外國史學家亦同樣因為政治因素，開始認真從事香港、澳門史的研究，所以近幾年來，港澳史的研究可以說是有較豐碩的成果。[1]

　　香港、澳門與辛亥革命運動的關係，是兩地與中國近代史密切關係中的一個重要課題，而學者在這方面的研究，由於香港史及中國近代史的專家都是近年來方加以重視，所以亦是在近年來才開始有一定的成果。[2] 但若果要進一步深入研究這個重要課題，則必須具備一些專業技能，如必須懂英文、葡文；熟悉十九世紀末和二十世紀初的港澳社會、政治

1　請參看李培德編《香港史研究書目題解》，香港三聯書店有限公司，2001 年；K.C. Fok, "Hong Kong Historical Research in Hong Kong, 1895-Present." In Asian Research Trends, No. 3, Centre for East Asian Cultural Studies（Toyo Bunko），1993, pp. 1-19；澳門中央圖書館，澳門歷史檔案室編，《中葡關係四百五十年圖書目錄》，澳門文化司署出版，1999；吳志良：〈澳門史研究述評〉，《行政雜誌》第 32 期 509-520 頁，1996 年。

2　請參看霍啟昌：《香港與近代中國》152-181 頁，香港商務印書館，1992；霍啟昌：〈香港在辛亥革命成功中的作用的研究〉，《辛亥革命與近代中國》487-502 頁，中華書局，北京，1994 年；霍啟昌：〈淺釋港澳檔案所藏有關孫中山與澳門關係研究的一些資料〉，《學術研究》，廣州，1997年，第二期，60-65 頁。霍啟昌：〈認識港澳史與辛亥革命研究一些新方向芻議〉，《辛亥革命與二十世紀的中國》，中國史學會編，中國，北京，中央文獻出版社，2002 年 7 月，2320-2368 頁。

和經濟的情況，才能認真了解港澳對辛亥革命成功所起的作用。

要了解早期革命思想的產生和早期革命運動開展的詳情，自然要深入研究孫中山先生早期的思想和他最先策劃革命活動的過程。1989 年，在中國孫中山研究學會舉辦的孫中山研究國際學術會議上，有好幾個專家的報告都同意研究孫中山先生早期的思想和革命活動，存在一定的困難，就是直接資料缺乏，主觀因素知道的不多。[3] 在辛亥革命成功之前，少年的孫中山先生在中國的生活範圍，只在香港、廣州、澳門一帶，而且他曾經前後在香港就讀六七年之久，這段經歷極有可能影響到他的革命思想的成長，所以要研究孫先生早期的思想和革命活動，必須利用香港原始史料，去作進一步的了解。假若能夠深入去調查這些香港史料，不難找到很多非常重要的間接資料。多明了一些客觀的環境，可以幫助我們充實推理的方法，加強論證的說服力。例如，想進一步了解孫先生在港就讀這段時間的思想和活動，首先要認識當時香港社會的背景和政治氣氛，和他在港所能接觸到而可能影響到他的人物，以至在香港當年所發生過的大事等等。掌握到這段時期的香港歷史實況，可以幫助我們進一步去明了一些發生在孫中山先生身上的事實，是在怎樣情況下發生的，這樣可以避免籠統和抽象式，或斷章取義式的推論。這才是實事求是研究孫先生早期思想的一個較完善的方法。

孫中山先生就讀於香港拔萃書院和大書院是在 1883 至 1885 年期間，而肄業於西醫院則在 1887 至 1892 這五年期間，這是少年孫中山思想成長最重要的時刻。

當時，香港在政治、經濟、社會各方面正經歷重大的變化，華人開始爭取到較高的政治地位和經濟影響力。首先，伍才（即伍廷芳）在

---

3 這些報告其後北京中華書局編輯成書，見《孫中山的時代》，中華書局，北京，第三冊，1990 年，請參看其中一篇，霍啟昌：〈孫中山先生早期在香港思想成長的初探〉，《孫中山的時代》，中華書局，北京，第三冊，1990 年，929-940 頁。

1880 年被港督暫時委任為定例局（後稱立法局）議員；隨即在 1883 年年底，黃勝被正式委任為首任華人議員。因為政府已通過修改法例，規定定例局要有一名華人代表為議員，故此在黃勝退休後，由曾經教過孫先生的何啟醫生繼任。在經濟方面，從 1870 年代後期開始，華人已開始嘗試收購洋商因營業不振而關閉的商行。在 1880 年代初期，香港華商的財富已有追越洋商的趨勢。例如，在 1880 年 1 月至 1881 年 5 月這段時間，華人購入原屬洋商所擁有的地產和物業，共值 171 萬元。[4] 同期，港督軒尼詩在定例局提出報告，談及華人是港島的最大業主，港府的稅收，有百分之九十來自華人。而每季繳納地稅一千元的香港業主共有十八人，其中只有一家是洋商，其餘都為華人。[5]

華人在當時香港經濟影響力的增強，亦可以在下面的事件上看到。1881 年 4 月 23 日，以保良局主席馮明珊為首的一批華民紳商，進謁港督獻頌詞，讚揚軒尼詩在任四年以來 "宏敷德政，諸凡順遂，即港中之富厚，日盛月增。"[6] 軒尼詩在答謝詞中亦坦承認定，香港這段時期對外貿易獲得重大發展，因而帶來財富以開拓港島的經濟活動，是有賴華人在港強大的組織。據《轅門報》的記載："燕制軍（即軒尼詩）遜謝首事諸人頌揚之美意，云所言闔港 '諸凡順遂' 一語，本部堂以為不盡由本部堂有所作為，良由諸公中所有商買銀號店戶諸人所致居多也。"[7]

香港華人政治經濟地位的提高，不可能不在孫先生腦海中留下一定的印象。相信沒有人懷疑孫先生在《孫文學說》第八章〈有志竟成〉中所說的話："予自乙酉中法戰敗之年（1885）始決傾覆清廷，創建民國之志……" 孫先生又在《建國方略》談到 "聞香港有英文醫校開設，予以其

4　Endacott, G. B. 1973, *A history of Hong Kong.* Hong Kong: Oxford University Press, p. 176.
5　同前註，第 195 頁。
6　香港《轅門報》：1881 年 4 月 23 日第 274 頁。
7　同前註，第 276 頁。

學課略優，而地較自由，可以鼓吹革命，故投香港學校肄業。數年之間，每於學課餘暇，皆致力於革命之鼓吹，常往來於香港、澳門之間，大放厥辭，無所忌諱。時聞而附和者，在香港只陳少白、尤少紈、楊鶴齡三人……所談者莫不為革命之言論，所懷者莫不為革命之思想，所研究者莫不為革命之問題。"而孫先生更在其他地方再重複上述的說話，例如於 1923 年 2 月 20 日在香港大學的演講詞中便談到他的"革命思想，係從香港得來。"

孫先生尤其欣賞香港當時良好的"衛生與風俗"。這可以從 1923 年 2 月 20 日孫先生在香港大學的演講詞中清楚地見到："回憶卅年前，在香港讀書，功課完後，每出外遊行，見得本港衛生與風俗，無一不好，比諸我敝邑香山，大不相同。"[8] 孫先生在文中所謂"衛生"，即是指當時香港政府釐定施行的"齊整及潔淨"制度。而所謂"風俗"，孫先生在同演講詞下文有所引申解釋，其實主要是指治安良好和政府官員腐敗事尚少："覺得在鄉間與本港，確大相懸別。因在鄉間要做警察及看更人方可，因斯二者有槍械在手，晚上無時不要預備槍械，以為防備之用。由此想到香港地方與內地之比較，因香港地方開埠不過七八十年，而內地已數千年，何以香港歸英國掌管即佈置得如許妥當？……又見香港之腐敗事尚少，而中國內地之腐敗，竟習以為常，牢不可破。"[9]

孫先生這篇在港大發表的演講詞，一直都被學者懷疑其內容的真實性。一來由於孫先生身在香港，對港人及港府恭維一番，大概是任何演講者慣常的客氣話。更且，事隔已卅年，講者記憶是否猶新，尚屬疑問。但這畢竟是有關孫先生早期思想難得的直接線索，由於孫先生在原文更談到他的"革命思想，係從香港得來。"因此，孫先生少年時代的革命思

8　香港《華字日報》1923 年 21 日。
9　同前註。

想，是否真的受當時香港社會制度啟發而產生，是一個相當重要的問題，值得我們深入去探討。可惜這個問題，似乎一直未被專事研究孫先生的學者所重視。本書在其後章節將會深入探討分析。[10]

本書的以下一章亦會利用充實的史料說明香港和辛亥革命運動有着深厚的關係，以及證明以下的說法是正確的。[11]中國革命自創立興中會，以至辛亥革命成功的期間，每次起義都是利用香港作為基地、重要策劃中心或聯絡站，各次革命起義的經費，相當部分都是向香港愛國華人募捐得來的。每次起義失敗後，曾參與行動的革命黨人，大都逃到香港，作為避難場所。革命運動除了在起義時需要大筆經費援助，就是平時，革命黨員都要一筆為數不少的經費去應付固定的支出，例如在港九各處設立機關總部、招待所，辦報刊宣傳革命工作，都是有賴不少愛國港人在經濟上大力支援，才能令革命運動得以度過早期一段艱苦的日子而延續下去。香港在替革命黨推廣及宣揚革命宗旨和革命言論上，曾立下汗馬功勞。辛亥革命最後能夠成功，實是有賴以致的。基於上述香港和辛亥革命運動的深厚關係，我們可以斷言，沒有香港和香港華人的支持，中國近代史上革命的進程可能會採取不同形式和方向。

至於澳門，在上述的〈有志竟成〉中，孫先生早就提及"及予卒業之後，懸壺於澳門（1892 ～ 1893）、羊城兩地以問世，而實則為革命運動之開始。"而在《孫中山全集》第一卷"倫敦避難記"序言又曾說過這樣的話："時在西曆一千八百九十二年，予卜居於珠江江口之澳門……予之知有政治生涯，實始於是年，予之以奔走國事……實始於是地。"

除此之外，孫中山先生與澳門的關係亦十分密切，只可惜過往研究孫中山先生的史家多未留意。首先，澳門是孫中山走向世界、踏足社會

10　見本書第四章。
11　見本書第三章。

的通道。孫在十二歲時經澳門乘船抵達檀香山，接受"西式"教育。後來，在香港求學時候，澳門便成為他往返省港的必經之地。孫畢業於香港西醫院後，也是先在澳門行醫。孫棄醫從政，澳門又成為其革命活動其中一個舞台。首次起義失敗後，孫亦是得澳門友人救援，經由澳門脫險逃亡國外的。武昌起義成功後，在締造和捍衛共和國的鬥爭過程中，孫往往把廣東和西南地區作為革命活動的主要基地，澳門和香港也因為特殊政治地位而成為重要據點，尤其是在維繫海外華人對孫中山的支持和籌集革命軍政府的軍政費用等方面。為此，無論在孫中山早期反清的鬥爭中，還是後期反對袁世凱、北洋軍閥乃至對桂系軍閥的討伐中，澳門都發揮了一定的作用。[12]

另一個重要的事實是，澳門為不少孫中山摯親長期居留的地方。例如孫的兄長孫眉，元配夫人盧太夫人，以及他的兩位女兒及孫女等，便是一例。為此，雖然孫親身來到澳門的次數不多，但也常常寫信到澳門，以便一直能與摯親保持聯絡。值得注意的是，一些孫中山的摯親甚至乎是死於澳門，或是葬在澳門的。說澳門是孫中山家族的第二故鄉，亦不為過。[13] 澳門在孫中山整個人生里程裏，曾有如此重要的密切關係，所以研究孫中山的專家，亦應多些了解澳門對孫中山所產生的影響。因此，對中國近代偉大的革命家的研究，澳門是絕不能忽略的對象。

年輕一代的港澳華人，當了解到港澳地區及港澳華人對辛亥革命成功有重大貢獻，自然會進一步去了解香港、澳門與中國內地在歷史、文化、經濟以及政治方面的聯繫。若有這些基本的認識，可以提高個人的國民及民族意識。港澳華人必會以身為中國人為榮，會更尊重中國文化及傳統，及明白到港澳，尤其是香港在歷史上一直對中國發展有所貢獻，

12　張磊，盛永華，霍啟昌編《澳門：孫中山外向門戶和社會舞台》，澳門大學出版，1996 年第 25 頁。

13　同前註。

自然會樂於對中國未來的發展作出努力。同時，亦會更深切了解中國於過往在維持港澳地區的安定繁榮的重要性，從而關注中國最新的發展情況，並嘗試去了解港澳地區對當今中國的現代化所能作出的新貢獻。

通過對港澳與孫中山及辛亥革命的正確認識，自不然明白到孫中山先生策進革命的最終目的："革命目的所在，欲使中國為世界最強之國，最富之國，又政治最良之國，此種目的當合全國人民為之，乃可達到。"這一番話的確是偉大的愛國者的聲音，是在屈辱與痛苦中生活的中國人民的意願的反映。這個大目標基本上成為以後有識之士的一致的大目標，大概是毋須懷疑，只是在用甚麼方法去達成這個目標，各人尚有意見分歧。

抗日戰爭勝利，中國是將國土保住了，偉大的中華民族亦是保住了。回顧孫中山先生的一生，他確實是偉大的愛國者和民主革命先行者，他能與時俱進，決不在奔騰的"世界潮流"前故步自封。為了祖國的獨立、統一、民主和富強，他獻出了自己的一切，鞠躬盡瘁，死而後已。但前面所提及的，以孫中山先生為首的偉大愛國、創國人士所訂下的富強中國、建設中國、為中華民族謀幸福的一致大目標，則尚未完成。

既想有英國和美國高度發達的工業，但又想避免西方國家人民所經歷的慘痛生活，成為孫中山先生一生冀求解決而實際未能解決的矛盾。若果我們回顧中國共產黨取得政權後的一段歷史，可以反映出中國領導人仍然着意努力尋求方法去完成這個意願。

經過中華人民共和國政府和人民數十年的不斷努力發展，中國的國力已發生了根本上的轉變，中國人民已擺脫了外國侵略者的威脅，已成為最強大的發展中國家。今後，只要繼續發揮中華民族強烈的民族意識與愛國情懷，共同朝着富強中國、建設中國、為中國人民謀幸福的目標進發，前途是一片光明的。

但要達到孫中山先生至終的目標，必然是要完成統一中國的偉大事業。為此中國領導人已制定"一國兩制"的政策。這是國際上認同和接受的中國和平統一的方法，亦是大多數海外中華兒女寄望完成祖國統一大業的政策。現時台灣人民生活得很好，自由和權利越來越多，他們為甚麼要改變現狀？因此，必須證明給他們看"一國兩制"在台灣施行是對他們有好處。

"一國兩制"實施於港澳，其主要精神是港澳人治港澳，高度自治，港澳原有的社會經濟制度及法律制度維持五十年不變，港澳居民原來享有的各種權利和自由，包括《公民權利和政治權利國際公約》、《經濟、社會及文化權利的國際公約》和《國際勞工公約》等適用於港澳的有關規定，將繼續得到法律的保障。除了國防與外交事務由中央政府管轄外，其餘行政、立法、司法事務，均由特區自行管理。

上述問題，回歸中國超過十年的香港大概可以說是處理得相當成功的，澳門亦可稱是初步成功實踐"一國兩制"。只要港澳人士同心同德，努力克服一切難題，持續成功實踐一國兩制，給台灣作一個良好示範，則不難加強"兩岸四地"人民的文化、經濟的聯繫，以至鞏固和發展中華民族的凝聚力與共識。沒有這種民族的共識，就不可能有進一步的共同理想、共同目標、同舟共濟等思想上和行動上的一致。

今年，為了紀念辛亥革命成功一百週年；為了緬懷孫中山先生；為了完成他的至大目標，身為港澳人士，能夠正確認識孫中山、辛亥革命與港澳的緊密關係便具有特殊的政治意義。因為既然孫中山、辛亥革命與港澳及港澳華人有這樣密切的關係，港澳華人就必須秉承其遺志，在促成祖國統一的大業中盡一分綿力。

2 有關孫中山先生在港澳策進革命的 重要地方史料闡釋

I) 香港史料

澳門、香港檔案是否藏有與辛亥革命有關的珍貴資料，在 1980 年代前一直未有學者認真深入探討，相比較而言，學者對香港檔案稍為有一些論述。[14] 這方面的著述稀少，主要原因在於學者必須懂英、葡文。所謂檔案資料，通常是指未公佈的歷史文件，應是未經整理刊印的，是研究港澳史最重要的原始資料。這些香港檔案資料包括英國殖民地部檔案編號 129、132、133、882；英國外交部檔案編號 17、228、233、371、677，以及英國議會文書和港督私人檔案等。而這些都是英文檔案。其中有關辛亥革命的資料則以殖民地部檔案編號 129 及 882 最為重要。[15]

雖然孫中山先生在早期策進革命運動時與香港有非常密切的關係，但直至到 1980 年代，在大陸和台灣出版的各種重要革命文獻中，都沒有收錄在香港出版或藏在香港檔案內有關孫中山先生在港策進革命活動的

14　霍啟昌：〈研究香港史各種資料評選〉，《香港史教學參考資料》41-58 頁，香港三聯書店有限公司，1995 年；K. C. Fok, *Lectures on Hong Kong History, Hong Kong's Role in Modern Chinese History*, The Commercial Press (H. K.) Ltd., 1990, pp. 36-52；霍啟昌：〈幾種有關孫中山先生在港策進革命史料試析〉，《回顧與前瞻——國內外孫中山研究述評》，440-455 頁，中華書局，1986 年。

15　同前註。

英文第一手史料。[16] 這些第一手史料，除上述的香港檔案資料外，還包括辛亥革命期間在港出版的四種英文日報。[17]

有些學者在研究涉及辛亥革命的各種問題時，曾經局部或零碎地引用過這些史料。例如史扶鄰教授有關孫中山先生和中國革命的起源的巨著，[18] 陳曼如女士多年前在香港大學歷史系撰寫的有關香港革命黨員之研究的碩士論文，[19] 即已留意到其中一部分資料。前些時，已故林敏森君在本書作者指導下更具體和有系統地利用辛亥革命期間這四種香港英文報紙所報導的，有關革命黨員在港活動過程的資料，來編寫他的碩士論文其中的一章。[20] 本書作者是第一位以專文介紹這些英文資料並嘗試分析這些資料對研究辛亥革命的價值的學者。[21]

研究香港歷史的原始資料，最重要的是英國殖民地部檔案編號 129 的原稿本書信公文。[22] 這個檔案收錄的公函包括以下幾種：（一）1841 年至 1946 年間，歷任港督與英國殖民地大臣的一切往來書信和附帶文件。（二）同時期英國殖民地部有關管治香港的會議記錄和備忘錄公文。（三）同期中殖民地部與其他英國政府部門；或任何私人機構；或任何人士商討有關香港事宜的往來文件。香港檔案館多年前已開始從事編撰這個檔

16　例如中國國民黨黨史委員會編：《革命文獻》，1973 年；中國史學會主編：《辛亥革命》，1957年；中國人民政治協商會議廣東省委員會文史資料研究委員會編：《孫中山與辛亥革命史料專輯》，1982 年。

17　下文將有詳細解釋。

18　Harold Z. Schiffrin: *Sun Yat-sen and theOrigins of the Chinese Revolution, 1968*，即史扶鄰：《孫中山和中國革命的起源》。

19　Chan, Mary Man-yue: *Chinese Revolutionaries in Hong Kong, 1895-1911*, Master's thesis, University of Hong Kong; 1963，即陳曼如：〈有關在一八九五年至一九一一年間香港革命黨之研究〉。

20　Lam Man-sum, *Hong Kong and China's Reform and Revolutionary Movements: an analytical study of the reports of four Hong Kong English Newspapers 1895-1911*, M. Phil thesis, University of Hong Kong, 1985。即林敏森：〈四種香港英文報紙報導有關香港和中國改良與革命運動之關係的研究〉。

21　參看霍啟昌：〈幾種有關孫中山先生在港策進革命史料試析〉，《回顧與前瞻 —— 國內外孫中山研究述評》，440-455 頁，中華書局，1986 年。

22　CO 129, Original Correspondence, 即英國殖民地部檔案編號 129，原稿本往來函件。

案的目錄，至目前為止，這個檔案目錄只編到 1920 年。[23] 香港檔案館藏有此檔案全部公文的縮微膠卷，但香港大學孔安道紀念圖書館則只藏至 1940 年。[24]

英國外交部檔案中，收錄了不少辛亥革命期間有關中國事宜的文件。例如外交部檔案編號 17、228、233 和 371 便是。[25] 這些檔案中又以編號 17 對研究辛亥革命早期的過程較值得留意。這個檔案包括以下幾種：（一）由 1815 至 1905 年間，英國駐外國領使及外交官員致英外交大臣的原稿本彙報和往來公文；（二）同時期駐英國的外國使節跟英外交部的往來書信；（三）同時期英外交部與其他人士的往來書函。這些外交部檔案都是以國家來分類的，所以有關香港的檔案可以在中國部分找到。不過，外交部檔案收錄的有關香港事宜的公文，通常都另已附錄在殖民地部檔案內，但偶然亦會有些公文只能在外交部檔案內才找得到。所以，研究孫中山先生在香港策進革命運動這個題目，雖然殖民地部檔案編號 129 是最重要，但外交部檔案編號 17 和其他以上提及的編號，都值得我們去調查。這幾種英國外交部檔案，孔安道紀念圖書館都藏有縮微膠卷，更且，該圖書館從這些外交檔案，抽取有關香港的條目，編成香港條目纂編，只供館內讀者索閱，要是想知道以上所提及的幾種英外交部檔案，是否有涉及孫中山先生在港策進革命的文件，可從這個條目纂編得知大概。

辛亥革命前在香港出版的英文日報，現尚存的共有四種。其中最早開辦的大概要算《德臣西報》（*CHINA MAIL*）。據查考，該報是 1845 年

23　CO 129: Hong Kong Original Correspondence Contents, 1841-1920, V1-V10，即英國殖民地部檔案編號 129，《有關香港原稿本往來函件目錄》，第 1-10 冊。

24　孔安道紀念圖書館是香港大學內專門收藏有關研究香港資料的藏書單位。欲知該圖書館藏書情況，可參看 Yeung Kwok-hung: *Hung On-to Memorial Library*，即楊國雄：〈孔安道紀念圖書館簡介〉一文。

25　F. O. 17（General Correspondence, China）；F. O. 228（Embassy and Consular Archives, Correspondence）；F. O. 233（Embassy and Consular Archives, Miscellaneous）；F. O. 371（General Correspondence, Political）。

2 月 20 日創刊的，當時只是一張週報，而每期只有四頁。[26] 報館設在雲咸街。要注意的是，《德臣西報》從 1867 年 2 月 1 日起，才開始轉為每日出版，[27] 所以最早每日出版的英文報紙應是 1857 年 10 月 1 日創刊的《孖剌西報》(*HONG KONG DAILY PRESS*)。此報報館地址亦是在雲咸街。[28] 第三種每日出版的香港英文報紙是《士蔑西報》(*HONG KONG TELEGRAPH*)。此報其實是每晚出版的，於 1881 年 6 月 15 日創刊，報館設在畢打山。[29] 四種英文日報中最遲開辦的是 1903 年 11 月 6 日創刊的《南華早報》(*SOUTH CHINA MORNING POST*)。最初報館設在干諾道，1907 年遷至德輔道。[30]

這四種報紙中，《德臣西報》歷史最悠久，在日治時期曾停刊，光復後復刊，至 1974 年 8 月 17 日因經濟問題又告停刊。《德臣西報》的最早期數已不存，現存該報最早的期數應是原藏在香港政府布政司署圖書館的 1845 年 6 月 5 日出版的一份，該圖書館亦收藏有 1846 年至 1853 年的較早期數。香港大學孔安道紀念圖書館則藏有 1853 年至 1875 年的期數。從 1876 年開始，除缺少部分期數外，該報差不多被全部保存下來，亦算難能可貴。這些期數現存放在香港檔案館和香港大會堂圖書館。[31]

第二種英文日報《孖剌西報》亦是歷史悠久，一共出版了八十四年，直至 1941 年香港淪陷才停止。香港現存的《孖剌西報》雖然並不齊全，

---

26 Frank H. H. King & Prescott Clarke: *A Research Guide to China Coast Newpapers 1822-1911*，1965，即王法勤與克拉克合編：《晚清西文報紙導要》，第 59 頁；Prescott Clarke: *The development of the English language press on the China Coast, 1827-1881*, thesis M. A. University of London, 1961，即克拉克：《中國沿海西文報紙發展史》，第 77-78 頁。

27 同前註。

28 同前註。

29 Hong Kong Guide Book, 1893，即《香港旅遊指南》，第 100 頁；*China Mail 76th Anniversary Number, March 1921*，即《德臣西報七六周年紀念特刊》，第 7 頁。

30 Robin Hutcheon, *South China Morning Post: The first Eighty years*, 1983，即夏之安：《南華早報最初之八十年》，第 12、16 頁。

31 所缺期數是 1876 年 1 月 2 日和 3 日。

因為最早的期數已無法找到，但香港檔案館及大會堂圖書館收藏到的由 1870 年至 1941 年的期數，除缺少很少一部分外，大部分都得以完整保存下來。[32]

《士蔑西報》是唯一仍能夠保存最早期數的英文日報，亦可算是相當齊全的。現藏於香港檔案館及大會堂圖書館該報的期數由創刊號至 1941 年為止，只缺三個月。[33]

《南華早報》雖然是四種報紙中創刊最遲的，但它最早的期數已散佚，現藏大會堂圖書館及香港檔案館的該報最早而又完整的一份是 1904 年 1 月 5 日出版的。[34] 以後一直至 1941 年為止，幾乎全部期數都完整無缺收藏在此，所以到日治時期為止，《南華早報》是四種日報中保存得最齊全的了。[35]

孫中山先生自創立興中會，以至辛亥革命成功的十八年期間，經過乙未廣州首義、庚子閏八月惠州三洲田之役、壬寅除夕洪全福之役、丁未四月潮州黃岡起義、同月惠州七女湖之役、庚戌正月廣州新軍之役、辛亥三月廣州黃花崗起義、又九月廣東光復之役等等，由於都是利用香港作為出發點或重要聯絡站，因此都曾經引起香港政府的注意。更因為革命黨在港的活動，會間接影響到英國和清廷的邦交，所以當任港督向英國殖民地部大臣呈報孫中山在港策進革命的情況，並且向其請示對策，是自然不過的事。至於殖民地部大臣回函批示港督應採取的應對政策，亦都是順理成章的。這些來往文件都附入殖民地部檔案編號 129，是研究早期革命運動的難能可貴的資料。

孫中山先生在港進行的革命運動，因為密謀推翻滿清，可以導致中

32　只缺 1870 年 1 月至 5 月。
33　所缺三月是 1888 年的 3 月、4 月和 5 月。
34　現存最早但不完整的一份是 1903 年 11 月 6 日。
35　所缺期數是 1910 年 10 月 30 日至 1911 年 1 月 4 日。

國內政重大改變，而嚴重影響到中英關係，故此英外交部亦相當關注此等革命活動情況，更且清廷亦常常通過外交途徑，要求英外交部轉達英首相，照會港政府採取行動制止革命黨員在港的活動。故此，英國外交部檔案編號 17 及其他編號，亦收錄到評論及記述孫中山先生及其他黨員在港策進革命運動的珍貴文件。[36] 至於四種香港出版的英文日報，對每次革命軍起義，更差不多事後都有報導和評論。有幾次則更在起義前便搶先透露有關革命黨行動的消息。這些報導或評論革命黨活動過程的英文資料，都可以在這四種報章的社論欄、特派中國記者報導專欄和轉載其他國內報章消息欄內找到。

以上提及的幾種香港史料，無論是檔案文件，或是英文報章，都可以提供給我們一些難得的參考資料，去進一步認識當時外人對辛亥革命運動的心態，更重要的是，這些資料有時亦可以補充革命文獻所不足的地方，使我們更深切了解辛亥革命的過程。

殖民地部檔案編號 129 的原稿本書信公文和外交部檔案編號 17 的文件，都有不少是有關革命黨員歷次在香港策劃起義的資料。[37] 限於篇幅，現只挑選檔案編號 129 內一些有關 "乙未廣州首義" 和事後孫中山先生被港府下令驅逐出境的資料來討論，以證明這些資料對研究孫中山先生早期革命經歷有一定的價值。這些資料包括以下幾種：

（一）港督羅便臣致殖民地部大臣有關陰謀奪取廣州事　編號 129 卷 271　1896 年 3 月 11 日

（二）廣州機密情報　編號 129 卷 274　1896 年 6 月 16 日

（三）廣州機密情報節錄　編號 129 卷 274　1896 年 12 月 12 日

（四）英國外交致殖民地部有關在港對中國不利的秘密幫會　編號

36　例如編號 17 卷 1718。

37　例如外交部檔案編號 17 卷 1718 便有不少文件是有關楊衢雲被暗殺和洪全福起義。

129 卷 274　1896 年 10 月 31 日

　　（五）港督卜力致殖民地部大臣報告有關孫逸仙事件　編號 129 卷 283　1898 年 5 月 18 日

　　（六）英國下議院致殖民地部有關孫逸仙醫生事件　編號 129 卷 286　1898 年 4 月 1 日

　　（七）英國下議院致殖民地部有關孫逸仙醫生　編號 129 卷 286　1898 年 7 月 14 日

　　（八）英國外交部致殖民地部有關孫逸仙醫生被逐　編號 129 卷 287　1898 年 8 月 20 日

　　（九）英國外交部致殖民地部有關孫逸仙醫生事件　編號 129 卷 287　1898 年 4 月 26 日

　　廣州乙未起義是革命黨員首次嘗試以武力推翻清朝的革命行動，在整個革命過程中應有特殊重要性，因為它具有承先啟後的作用。但是已經出版的革命文獻，對於乙未首義有關香港籌劃過程，都記述得非常簡略。例如，陳少白在《興中會革命史要》中，對其隻字不提；鄒魯的《乙未廣州之役》，亦只有幾行敍述此事件。[38] 但收錄在殖民地部檔案編號 129 卷 271 的有關乙未起義的資料卻長達數千字，均是以上各種文獻所未提及的。這些英文史料對我們認識當時楊衢雲在港是怎樣調度軍械和人員依期到省接應，可以提供一些重要的新證據。這些資料都收錄在港督羅便臣答覆殖民地大臣，有關港府調查乙未起義的報告書內。這份報告書其實是按照當時香港代助理輔政司卑利（F. J. Badeley）草撰的調查備忘錄來寫的，港督羅便臣在綜合對此事件評論中指出，香港政府已盡一切力量去調查此事件的真相，而革命黨員在港密謀起義的過程，亦可以

38　只是在後期由簡又文在香港搜集當地資料而編成，收進《國民革命文獻叢錄》的〈楊衢雲略史〉的稍為提供多一些有關此次起義的資料。

在這個報告中看到。因此，這份報告的可靠性相當高，是現存研究乙未首義資料中最詳盡及重要文件。像這樣的檔案資料能夠令學者更深切地了解港英政府對革命黨人所採取的政策，自然成為研究早期辛亥革命運動過程的珍貴資料，現試將備忘錄中一部分資料，亦即是現有革命文獻未有提及到的部分，節譯出來。[39]

1895 年 10 月初，香港警局已得悉若干三合會會員正在港募集勇士，密謀回廣西生事。在 10 月 27 日，香港警官士丹頓（Stanton）接獲線報，得知革命黨員已招募得大概四百人，將於當晚乘搭保安輪往廣州。士丹頓即以電話將線報告知警察司，並親往碼頭調查。抵達後，即發現大約六百名貧窮工人（原文字眼為苦力，Coolies）被拒絕登船，因各人皆無錢付往廣州船票，經盤問，供出他們都是由一名姓朱的（原文 CHU HO，應是指朱貴全），代沙宣洋行買辦替省城招募的兵勇，每月餉銀十圓，兩日前每人已經領取五仙作食用，並經答允先再發壹圓作盤川附輪往省城。

正當盤問間，朱貴全跟另兩人已抵達碼頭，此兩人皆攜有銀圓一袋，據稱他們兩人共攜有九百圓，是沙宣洋行買辦，即楊衢雲給予的，而他們來此目的是發給每名招勇壹圓作盤川。

此時大隊警員亦開抵現場，攜同警察司之搜令，準備登船搜查軍火，亦同時對在場數百人展開搜查是否藏有軍械，但無結果。

保安輪船主指出，他早已知悉此批意欲登船人士是招勇，但他的立場是誰人能付船費即准登輪，他並不計較登船人數。經磋商後，終於決定將該九百圓先交該輪買辦，待船開啟後，再發給所謂招勇。結果，包括朱貴全在內大概四百人登輪往省城。

當晚 10 時，士丹頓幫辦再接獲消息，據報一大批軍火最近曾被沙宣洋行買辦購入，並已藏在保安輪運往省城。經調查後，證實有楊衢雲購

39　K. C. Fok, pp. 36-45。

買軍火事，士丹頓即告知警察司，該司亦馬上電告英國駐廣州領事，並照會九龍海關。

翌日，士丹頓再從 □□（原文 SO KU，該人中文姓名待查證）處獲知更詳細消息。據悉該人曾被朱貴全邀請幫他替清廷在港招勇，餉銀每月拾圓，而 □□ 經已答允相助，並且答應他本人亦加入行列，因他一直確信此說。直至 10 月 27 日下午 3 時，當他再次跟朱貴全在皇后道 187 號會面，才察覺到其中另有陰謀，因為朱貴全告訴他此次招勇的真正目的是用來向廣州滿人進擊。到時將會有三千人在廣州作內應，而另一批為數二千的同志，將會從澳門進發會合。□□ 即獲分派紅帶一條，警哨一個作為標記，並獲知暗語口號是"除暴安良"，更知悉小洋槍正藏在保安輪運省城途中。當 □□ 得知真相後，即拒絕參與共事。

香港的一個華籍警長當晚亦是保安輪乘客，回港後，他有如下報告："船上兩招勇向他透露，當船離開香港後，朱貴全即告訴他們在該輪上藏有小洋槍，待抵達省城後便將該批槍械分發各人，當首領下令便行事。其他招勇獲知此事後，很多認為他們是應政府招募而來的，拒絕參與剛向他們揭露的計劃⋯⋯"

船通抵省城，即見朱貴全和其他首領暗中潛逃上岸，顯然已知道事機敗露，只好捨棄招勇遁去。

當時派駐碼頭的兵勇人數與平時無異。大約五十名船上招勇向此等駐守兵勇申訴，實係為招勇而來並願候命。此五十人遂被帶往見緝捕統帶李家焯，大概清官方至此才知悉船上藏有軍械。因為，假設官方一早知悉，一定會帶備大隊兵勇駐守碼頭迎候，以便登船搜查。該批軍械其後在別處起獲。

此次，楊衢雲是將小洋槍藏在五個士敏土（即所謂紅毛泥）桶內，由當時經常代客運貨的廣興源棧，當作美國砵蘭士敏土寄運往省城。10 月 28 日，該棧東主即接到廣州當局發來電報，通知他由於該棧寄出的士敏土桶藏有槍械，已將該棧在省城的夥伴逮捕，並要求該棧東主通知香港警局，設法緝拿將貨寄出之客人歸案。

11 月 1 日，兩廣總督通過英領使，要求港督將此次謀反之五個主謀押往省城。港督因此等皆為嫌疑政治犯，故此並沒有答應粵督要求……

被認為是此次替叛黨組織籌募經費的骨幹人物，名叫孫文，或稱孫逸仙……偵知他在 10 月 31 日，曾經香港滙豐銀行提款三百圓，然後轉往皇后道一樓宇，之後便失其行蹤，大概是從後門遁去。自此，他亦未見在港出現，據說已往檀香山。[40]

這部分乙未起義有關香港的資料長達數千字。值得注意的幾點是：第一，已出版的革命文獻，對於乙未首義有關香港籌劃過程，都記載得非常簡略。例如，陳少白在《興中會革命史要》中隻字不提；就算記載得最詳細的〈乙未廣州之役〉一文，亦只有幾行敍述此事："總理以佈置已定，乃親上省調度，將香港之軍械、財政人員，一切交楊衢雲處理。詎楊已得權，既懷私意，又不公平，以致內部發生問題，軍械人員不能依期到省。……楊衢雲雖接總理阻止來省電，然以軍械七箱已裝泰安輪運省，若起回又恐敗露，乃使朱貴全、丘四等於初十晚帶數百人附泰安輪入粵。李家焯早派人預伏，抵岸，先登者四十餘人被捕去，後登諸人盡將符號毀棄，始得免。"[41]

第二，香港檔案資料所記載乙未事件與革命文獻的記載有出入。根據檔案資料，最初是港府偵悉楊衢雲等在港籌劃進行招勇和偷運軍火行跡的，這是陽曆 10 月 27 日發生的事。廣州政府在 28 日保安輪抵埠後，仍未知悉革命黨從香港來省城接應的計劃。直至輪上 40 餘名招勇向駐守碼頭兵勇自供身份，然後被帶往見李家焯進行審訊，才得知詳情。但根

40　同前註，第 441 至 445 頁。
41　《辛亥革命》，第 228 至 229 頁。

據鄒魯所說："據稱九月間香港保安輪船抵省，附有土匪四百餘名，潛謀不軌，經千總鄧惠良等探悉前往截捕，僅獲四十餘人。"[42] 則是説鄧惠良偵悉的。又："十一日（即陽曆 28 日），香港泰安輪船搭載四百餘人抵省登岸，李家焯率把總曾瑞璠等往查獲朱桂銓、丘四等四十五名。"[43] 卻是説李家焯查獲的。細查鄒魯所説，此兩段原來轉載自粵督譚鍾麟的奏章，而這個奏章是應清廷諭將乙未之役首犯迅速捕拿而發的。本來，此次舉義，因大吏恐怕清廷處分，最初是匿而不報，其後在粵京官入奏清廷，才有此下諭。故此，譚鍾麟的奏文內多有粉飾之辭以求自保，其可靠性值得懷疑。例如，譚的奏稿全文對同樣事件的記載，就有幾處是前後矛盾的。最初是"據稱 9 月間香港保安輪船抵省，附有土匪四百餘名。"其後則"十一日香港泰安輪船搭載四百餘人抵省登岸。"[44] 記載同一事件，先是指保安輪，其後已改為泰安輪。但卑利的備忘錄則由始至終都指出載運招勇往省城的是保安輪。再如，譚鍾麟奏文另一前後不符的是，原先稱"千總鄧惠良等探悉前往截捕，僅獲四十餘人"。但在原奏稍後則已經不是鄧惠良，而改為"李家焯率把總曾瑞璠等往查獲朱桂銓、丘四等四十五名。"[45]

　　本章無意再深入研究革命文獻對乙未首義記載的可靠性，只將革命文獻與香港檔案資料對乙未之役的記載作一比較，用意是想確證這些英文資料的參考價值。現試再以孫中山先生被港府驅逐出境一事為例，分析兩種資料記載的得失。

　　孫中山先生在乙未首義失敗後，即被港府驅逐出境，革命文獻對這件事的來龍去脈很少記載。藏在英殖民地部編號 129 檔案內的文件，

42　同前註，第 232 頁。
43　同前註，第 233 頁。
44　同前註。
45　同前註。

有不少是談論這件事的底細，主因是由於孫中山先生在倫敦蒙難後，英國下議院戴維德（Davitt）議員向殖民地部大臣及英當局質詢何以孫先生要被港府遞解出境，並且要求解釋此事的真相。編號 129 檔案內的卷 283、286 和 287 所藏的一連串文件，就是英當局就此質詢進行調查而得來的重要記錄。已出版的革命文獻，只有吳壽頤的《國父的青年時代》一書，記載孫先生被逐事件較為詳盡。[46] 雖然此書並無註釋，亦沒有提及參考資料，但細意分析其內容便可知道，作者必定曾參閱一部分英國政府有關此事件的檔案公文，然後節譯出來。不過，此書對這個事件發生的詳細過程，記載稍嫌簡略，並且更遺漏不少極為重要的資料。現試隨便舉幾個例子來證實這個意見。

首先，對於港督何以要下遞解令，吳先生未有嘗試去解釋，只是很籠統地說："1896 年香港總督羅便臣看見革命黨的活動，一天緊張一天，便引用了香港 1882 年的法律條例宣佈把國父遞解出境。"[47] 但在致殖民地部報告有關孫先生被逐的公文中，港督卜力曾解釋前任督憲羅便臣下遞解令的詳情，並且附上香港總督會同議政局對孫先生發出的解票中英文本。在英文本解票上，押解情由一欄內所填上的理由是："總督及行政局認為孫逸仙會危害本殖民地的和平與良好秩序。"[48]

第二，遞解令是 1896 年 3 月 4 日發出的，當時孫先生已在日本橫濱，他曾寫信給當時香港輔政司洛克（Lockhart），要求證實是否因他曾參與行動去"解除受苦國人被韃虜專制暴虐之羈絆"，而將他遞解出境。若有此事，他將會訴諸英國輿論，要求撤銷遞解令，因為他曾就此事徵詢幾位英國朋友，他們都認為孫先生的行動並未違反英國法律。卜力致

46　吳壽頤：《國父青年的時代》，1959 年，第 83-86 頁。
47　同前註，第 83 頁。
48　英國殖民地部檔案編號 129 卷 283，第 138 頁。

殖民地部的報告書公文亦附有此信和洛克回信的稿本，[49] 但十分可惜，吳壽頤先生只是翻譯了洛克給孫先生的回信，[50] 未翻譯孫先生致洛克的信。因為當時英國殖民地部大臣張伯倫（Chamberlain）認為，這封信是孫先生參加革命黨的一有力證據，亦即是所謂不打自招。張伯倫在卜力的報告書公文上有如下的備註："看來，除了在附來孫逸仙本人所寫的信件內自述曾參與其事，很難找到其他證據控訴他曾圖謀奪取廣州（指乙未首義）。" [51]

第三，當接到戴維德議員的質詢後，張伯倫即致信港督卜力，要求將孫中山先生被驅逐過程及原因詳細報告。在審閱過一切有關文件後，張認為此事相當棘手。因為港督羅便臣所引用的香港 1882 年的治安法律條例，曾被國會議員批評為不合理的條例。更且，羅便臣在遞解令所填上要驅逐孫先生的理由相當牽強，因為孫先生其實並未違反殖民地法律，或經審判定罪而要將他遞解出境。所以張伯倫在公文上備註，出席國會會議時，不能直接詳細答覆戴維德所提各問題，只可以含糊混過便罷。[52] 但吳壽頤先生並未有留意到這個內情，只是簡單記載英國殖民地部大臣亦知道香港政府所採的行動"有點站不住腳"便罷。[53] 所以，要徹底明白香港及英國政府對孫先生被逐出香港的意見，免不了要參考這些香港檔案資料。對於這些資料，無論是藏在英國殖民地部還是外交部檔案內的文件，可以用來充實我們對辛亥革命的認識，想無異議矣。

根據上述港督羅便臣的調查報告可知，楊衢雲是早期革命運動的一個重要人物，在乙未首義扮演十分重要的角色，全賴他招募經費，負責

49　同前註，第 136-137 頁。
50　吳壽頤，第 84 頁。
51　英國殖民地部檔案編號 129 卷 283，第 133 頁。
52　英國殖民地部檔案編號 129 卷 286，第 337 頁。
53　吳壽頤，第 84 頁。

■ 楊衢雲

調度軍械和人員，依期到省接應起義的革命黨員，因而導致清廷後來派人到港將之暗殺。楊衢雲其實是早期革命運動的一個主腦人物，他這麼年輕便被暗殺是革命運動一個重大損失。他的被暗殺，對當時革命運動應是一關鍵性的事件，但革命文獻對楊衢雲的事蹟及被暗殺事件都只是輕描淡寫地談及便算。相反地，在英國外交部檔案編號 17 卷 1718 內，則收錄到不少文件，將楊衢雲被暗殺的案件審判過程詳加記載，成為認識楊衢雲是一個怎樣的人物，他在早期革命運動內的地位，和為甚麼清廷要暗殺他的珍貴資料，對研究辛亥革命運動的史家，極有參考價值。

又如壬寅除夕洪全福之役（1903 年），幾乎是一場清一色香港人的演出。準備工作主要在香港進行，負責幕後策劃工作的領袖又都是香港知名人士。興中會的要員謝纘泰為了替好友楊衢雲報仇而擔起奪取廣州的重任，這是早期有關興中會革命黨員的重要內情，但革命文獻卻對此疏於記載。反之，上述英國外交部檔案編號 17 卻存有珍貴資料，對洪全福事件的來龍去脈有極詳細的記載。為了進一步了解革命運動早期的活動真實情況，是不能不重視這些香港檔案資料的。

以下亦以乙未首義為例，嘗試分析當時香港出版的英文日報對孫中山先生和該事件的報導評論，以證實這些資料的參考價值。

《德臣西報》是首先透露有關革命黨員在港活動的英文報章。早在 1895 年 3 月，該報在一連串的社論內，都暗示有革命黨的存在，並正密謀舉義推翻滿清。[54] 這些社論更向外國人呼籲支

54　例如在 3 月 12、15、16、18 日。

持這個行動，因為若果獲得外國人支持，這個行動定會成功，而中國新成立的政權亦將會帶給外國人在華投資更好的機會。[55] 3 月 15 日，該報更以〈在中國就將爆發的革命〉為題，重申革命對中國和其他國家都有好處。[56] 同年 10 月 14 日，《德臣西報》再次提及盛傳革命黨會舉義推翻清廷。[57]

從這些報導評論中可以看到，在乙未起義之前，《德臣西報》確已表示支持革命運動。這正好證實了革命文獻中通常談及革命早期，同情和幫助孫中山先生在港策進革命的外國人就有《德臣西報》的主筆黎德。[58] 但同時，《德臣西報》有關興中會的介紹，亦令我們感覺困惑。因為這些社論所描述的革命黨，無論在形象、黨旨、策進革命方法和所期望成立的新政府，都與我們從革命文獻資料認識到的香港興中會不符合。根據革命文獻的記載，香港興中會成立時，凡入會者須一律向天宣誓，而其誓辭則是："驅除韃虜，恢復中華，創立合眾政府，倘有貳心，神明鑒察。"[59] 但在 1895 年 3 月 18 日《德臣西報》的社論，筆者很明確指出，當起義成功後，革命黨並不打算創立合眾政府，而是成立君主立憲政制。至於推舉誰來充當君皇之職，則尚未有決定，但這個新政府肯定會推行一連串的改革，這些改革包括：撲滅貪污，改善現有科舉、教育和法制，大事興建鐵路，開發礦業等等。[60]

黎德的這些報導確實令人費解，明明是被各種革命文獻公認為孫中

---

55 《德臣西報》，1895 年 3 月 12 日版。
56 同前註，3 月 15 日版。
57 同前註，10 月 14 日版。
58 《辛亥革命》，第 225 頁；《革命文獻》，第 64 輯第 74 頁；謝纘泰，第 8 頁。黎德即 Thomas H. Reid.
59 《革命文獻》，第 60 頁。
60 《德臣西報》，1895 年 3 月 18 日版。

山先生友好，亦曾數次參與興中會集會，並且答允幫助完成革命大計，[61]何以黎德竟將興中會的政綱混淆為立憲派的政綱？筆者不打算在此深入探討這個問題，將會在本書以後章節另作解釋。值得在此指出的是，《德臣西報》及其他的香港英文日報所報導有關早期香港興中會的資料，跟革命文獻所記載的並不完全符合。革命文獻中記述早期興中會事蹟的，以謝纘泰的《辛亥革命秘史》最為詳盡。但拿謝纘泰的記述跟這些報章的報導對證，則發覺謝所說有很多值得懷疑之處。例如根據謝的記載，黎德是在 1895 年 6 月 16 日首次參加興中會聚會的。當時，孫中山先生、楊衢雲和謝纘泰首先商討起義計劃，然後接見黎德。[62] 但黎德在 3 月 12日的《德臣西報》社論早已介紹有關革命黨活動。又據謝所說，《德臣西報》在 3 月 18 日登出一文大力支持 "我們革命計劃"。[63] 但該文如上所述，只是支持革命黨去成立一個君主立憲政治制度，而不是興中會期求創立的共和政府。並且，謝書又談到孫、楊、謝及黃詠商於 3 月 21 日接見《士蔑報》編輯鄧勤（Chesney Duncan），並獲其答允支持革命的行動。謝更指出《士蔑報》當日有文支持革命計劃。[64] 但根據林敏森君深入調查，發覺《士蔑報》在乙未首義之前並無登刊過任何報導或評論去支持革命運動。[65] 以上只是隨便舉幾個例子，謝纘泰於記述早期興中會的事蹟，尚有其他部分其可靠性是值得懷疑。不過，這幾個例子已足以給我們一個重要啟示，就是，要徹底了解孫中山先生和興中會初期在港策進革命運動的真實情況和遭受到的各種困難，尤其是怎樣爭取外人的同情和支持，就需要深入研究各種香港出版英文日報保存下來的寶貴資料。

---

61 《辛亥革命》，第 225 頁；《革命文獻》，第 64 輯第 74 頁；謝纘泰，第 8 頁。黎德即 Thomas H. Reid.

62 謝纘泰，第 9 頁。

63 同前註。

64 同前註。

65 林敏森，第 3 章第 157-159 頁。

最後尚要特別一提的是於 1947 年 10 月至 1953 年 4 月登載在《華僑日報》名為"香港掌故"的專欄。這個專欄是吳霸陵以筆名"鰲洋客"撰寫的,其中輯錄不少有關孫中山先生及他的革命同志在香港策劃各次起義的情況,如《同盟會香港分會》、《三洲田軍事革命與香港》、《大明順天國與香港》、《丁未軍事革命與香港》等便是。此專欄又以《僑賢軼事》為題,相

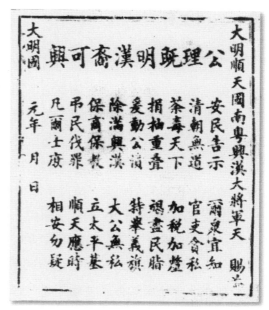

■ "大明順天國" 告示

當詳細地講述孫中山先生及其他在港澳活動的重要革命黨員的生平及事蹟,例如:《孫中山同志》、《楊衢雲》、《楊衢雲略史》、《謝纘泰》、《陳楊三家》、《孫眉》、《黃世仲》、《伍漢持》、《劉思復》等等便屬於此類。雖然吳霸陵的主要參考資料來自一些已出版的"革命文獻",如馮自由的《革命逸史》及簡又文編入《廣東文獻》的《國民革命文獻叢錄》等,但亦有不少資料是一些革命先烈的後人看到專欄後,致信給吳霸陵提供一些新資料來補充吳所寫的革命先烈的事蹟。例如,在《楊衢雲》特輯,吳就表明是收到楊的親人楊百誠、楊必凡及楊的相識朋友何思寧、陳靜濤、趙超等人的補充資料。因此,若要深入了解各次起義在香港策進的實況,吳霸陵所輯錄的資料是彌足珍貴的。

II) 澳門史料

乙未首義是孫中山先生和他的一班革命友人,首次嘗試推翻清政府的革命行動,在孫中山先生的革命事業上,意義十分重大。上文已説明已經出版的革命文獻,對乙未首義的籌劃過程都記載得非常簡略。[66] 而研究乙未起義的最重要文件,應是藏於香港檔案編號 129 的一份由港府調查乙未起義的報告書。[67] 澳門檔案亦同樣收錄有關乙未起義重要資料,可與港府的資料互相補充,故此本節重點介紹這些澳門檔案資料。

遠在辛亥革命成功之前,孫中山(孫在澳行醫約一年,1892 ～ 1893)與他的革命黨友人在澳門的活動,曾經引起澳門政府的注意。一方面是由於這些革命黨人都是在密謀推翻滿清政府,可以導致中國內政發生重大改變,而影響到中葡關係,自然引起澳葡政府關注。另一方面清政府亦經常施加政治壓力,透過葡國駐華使節,要求澳門政府採取行動遏止革命黨員在澳門的反清活動,而澳葡政府便更需要搜集有關的情報。故此,澳門政府檔案收錄了評論孫中山先生和他的革命黨朋友在澳門策進革命運動的文件。至於一些現今仍存的,當時在澳門出版的中葡文報紙期刊,亦偶有報導和評述此等活動。以上提及的澳門資料,無論是收錄在澳門政府的檔案文件,還是中葡文的報章刊物,都會有一些很有價值的資料,可以提供給我們去進一步認識孫中山先生早期在澳門策進革命的過程。

在十九世紀末期和二十世紀初期華人在澳門活動的原始資料中,最具研究價值的應是澳門政府的"民政檔"(*Administração Civil*),這個檔是由澳門民政廳歷年收取來自政府各部門公文所組成的。要指出的是,

---

66 見第 20 頁;霍啟昌,〈幾種有關孫中山先生在港策進革命的香港史料試析〉,《回顧與展望 —— 國內外孫中山研究述評》,中華書局,1986,445-446 頁。

67 同前註,440-455 頁。

由於民政廳發出的文件不一定存放於這個檔，所以有關革命黨員在澳門活動的一些文件，已不能在這個檔中找到。尤其是由隸屬於民政廳的華政務官（其後稱華務司）負責調查該等活動，事後呈報給澳督府的有關文件，當時應該是收錄在澳督府辦公廳檔的，但這個檔現在已不存放於澳門。盛傳此類機密的政府文件，在"一二‧三"事件 68 發生期間或之後，已運送到葡萄牙。筆者仍在努力查探此批文件現在究竟收錄在葡國哪一個檔案館。

幸而現時的澳門"民政檔"仍藏有一份有關乙未起義的重要文件。這份編號 AC/CX3011544 的文件，是由葡國駐廣州領事祈斯寶（CRESPO）於 1895 年 10 月 28 日發給澳督的一封公函。在信內，祈斯寶談及剛在廣州發生的乙未起義情況。他指出，當時所發生的動亂實際情況不可得知，但從搜獲的軍械則可測知，假若廣州政府不是預先偵破密謀，則可能會引致嚴重後果。事後，政府查得有五百人早備船票，於次日返回香港，至於誰人付予船票，則不得而知。經政府官兵將其中十人逮捕，其他即作鳥散。這些作亂分子所用軍械的來源亦不可知，但整個行動極有可能是在香港澳門策劃的。因此祈斯寶懇請澳督要特別提高警惕，注意在澳門華人的一舉一動，事關此次密謀，一定與港澳有關。祈又指出，有關此次動亂他所得到的消息，是來自其他外國使館人員、廣州政府和一些商人。根據此等線人，謠言所指，將有革命出現，而沙面亦將會被攻擊。因此令到外國使節人心惶惶。但祈斯寶則認為，此次動亂矛頭所指顯然是兩廣總督而不是在穗的歐洲人士，而這次動亂亦並非意圖挑起種族仇視。相信只是一些慣見的幫會分子反抗清政府的行動而已。但他強調這些只不過是他個人的意見。假若澳督向澳華人查探到有關消息，必須從

---

68 "一二‧三"事件：澳門歷史上一次較大規模的群眾運動，取名自 1966 年 12 月 3 日發生的嚴重警民衝突。事件造成數百澳門市民傷亡，引發中國政府強烈不滿。事件最終以澳葡政府宣佈謝罪、賠償而告結束。

速告知，以便及早應變，因為他的職責是照顧葡國在華的一切利益。

　　葡國駐廣州領事上述有關乙未起義的報告，雖然沒有港府調查報告那麼詳細充實，但亦可以給我們提供一些難得的參考資料，進一步了解當時外人對乙未起義的心態。從祈斯寶的記載可以得知，他對該次起義行動的了解基本上是正確的，而他認為港澳必然是該次行動的策劃場所亦是看對了。

　　除了這份有關乙未起義特別重要的文件外，"民政檔"亦收錄到革命黨在廣東其他起義的資料。例如編號 P-3052 的檔案就藏有葡國駐廣州領事給澳門總督的公函。這些公函是在"辛亥廣東三月廿九日之役"，即俗稱"黃花崗之役"發生前後發出的。第一封公函在"黃花崗之役"發生前一日發出，信中提及葡國駐廣州領事館知悉，5 月時，革命黨員將會在廣東各地策劃一場大型軍事行動，有些黨員會在澳門有所行動。第二封公函則是在"黃花崗之役"發生數日後發出。信中提到，根據線報，在該月五號革命黨員將會再有行動。葡國領事推介一名由美國駐廣東領事推薦的翻譯，並且附錄這位翻譯編寫的一份綜合報告，報告由英文寫成，其中的資料應是最初以中文寫成，再由這位翻譯由中譯英而成。這份報告記載了"辛亥廣東三月廿九日之役"前後，革命黨在廣東各地起義的情況及官方的佈署、應對行動。這些資料源自葡領事館人員與兩廣總督及其手下面談；一些廣東商人提供的訊息；以及一些廣州日報報導的有關情況。這份報告對了解"黃花崗之役"很有參考價值，其內容代表了當時外人對這次起義的看法及了解；一部分官員提供給外國使節有關起義的訊息亦因此能夠保存下來，實在是彌足珍貴的史料。

　　"民政檔"及其他澳門政府檔案收載的與辛亥革命有關的珍貴資料，其來源主要是葡國駐廣州領事與澳督及其他澳葡政府高級官員的密函，而其消息有些源自清政府駐廣東的官員，甚至兩廣總督亦有，但大部分是得自廣州一些商人和領使館的線人。而其他則是來自澳葡政府各部門的調查報告。

值得注意的是，研究中國近代史的專家大都熟識和重視英美駐華領事檔案，咸認為在這些檔案內的有關報告，有些相當詳盡地記載在中國各大城市發生的重大事件，很有參考價值。但甚少人留意到，葡萄牙人是最先從海上抵達中國的歐洲人，與中國建交遠自十六世紀，且中葡邦交一直未有中止。到了清末民初，葡人對中國的認識，已積有四百年經驗，加以葡國一直在國際紛爭事件中，嚴守中立態度，與中國亦沒有嚴重的利益衝突，所以葡國領事對中國所發生的重大事件的彙報，其看法是較英美等國領事較為客觀的，甚有參考價值。如祈斯寶在記載乙未首義事件中，力持己見，認為其他外國使節誤認事件可能是針對西方國家，受種族主義驅使的看法是錯誤的，便是一個好例子。

自從 1895 年乙未起義失敗，以後每次在廣州起義的情況，葡國駐廣州領事都有密函給澳門政府報告有關情況，再由澳督分發到有關部門，例如警察部、情報科、民政廳、海陸軍將領等，旨在提高澳葡官員的警惕性，密切注視在澳華人的一舉一動。尤其是當情報顯示廣州政治形勢轉趨嚴竣。由於澳門鄰近廣州，澳葡政府一直與清政府維持友好關係，而本身亦是一個在中國領土設立的外人管治政府，所以若果一旦清政府給推翻，葡人恐怕會首當其衝，所以都會加緊戒備，防止革命黨員在澳公開散發傳單，並預防暴力事件出現。

上述的資料對整個辛亥革命運動的發展過程都有重要參考價值，可以與革命文獻互相印證，而其中更有一些是革命文獻所未有記錄的可補其缺。而這些葡文資料夾雜在編號 AC/P1491 至 AC/P4219 的文件內，要細心查閱才能發現。需要指出的是，由於全部文件是手寫的葡文，查閱時相當困難，若果不熟悉澳門情況和辛亥革命及中國近代史的人是不容易找到這些資料的。

除了這份政府公文外，當時在澳門出版的兩份週報，亦刊載有關乙未首義的珍貴資料。這兩份報紙分別是《鏡海叢報》和葡文版的《叢報》（*Echo Macaense*），而且都是孫中山在澳門的葡國好友飛南第先生（Francisco H. Fernandes）所創辦的。創辦日期同樣是 1893 年 7 月 18 日。[69]

1895 年 11 月 6 日出版的第 16 號《鏡海叢報》刊載了來自廣州的一則電聞，記載有關乙未起義的消息。該電文刊登在"要電彙登"標題下，一共 702 字，較之港英政府數千字的調查報告，自然遜色得多。但香港政府的文件只集中報告朱貴全招兵勇，及帶領所招兵勇乘坐保安輪由港往穗，以及抵達省城後被捕等經過。對於孫中山和陸皓東等在廣州籌劃的過程則隻字不提。反之《鏡海叢報》這段消息卻對此有所報導："查得省垣雙門底王家祠內，雲岡別墅有孫文，即孫逸仙在內，……即於初九日帶勇往捕，先經逃去。即拿獲匪黨程准、陸號東二名，又在南關鹹蝦欄李公館，拿獲三匪，並搜獲大飯鑊二隻，長柄利斧十五把，是屋崇垣大廈，能容千人。聞前兩日有數十人在屋內團聚。續因風聲洩漏，先被逃去。當將五匪帶回營中審訊。"[70]

這短短幾行字，已是報導孫中山等在廣州籌劃起義的最詳細第一手資料，值得重視。這電文的其他部分與香港政府調查報告書多吻合。但值得大家留意的是，在此電文最後的終結評語亦即是廣州政府對乙未起義整件事件的看法，是與上文所提及葡領事祈斯寶的評價一致的："先有黨徒來省租便民房二十餘間，以為屯聚之所，刻下黨與已約有四萬餘

---

69 首先談及《鏡海叢報》收錄有關孫中山先生在澳門行醫時的新資料並附錄這些資料的照片的學術著作，應是張磊、霍啟昌、盛永華合編的《澳門：孫中山的外向門戶和社會舞台》，是澳門東方文萃於 1996 年出版的。但詳細加以分析這些上述資料以證明飛南第與孫中山的緊密關係以至《鏡海叢報》亦有收錄有關"乙未起義"的資料則是霍啟昌〈淺釋港澳檔案所藏有關孫中山與澳門關係研究的一些資料〉，《學術研究》，廣州，1997 年，第二期，60-65 頁。其後在 2000 年由澳門基金會及上海社會科學院聯合重印的《鏡海叢報》內由姜義華所寫的序言和由費成康所寫的〈孫中山和《鏡海叢報》〉亦有提及。非學述著作則應是梅士敏於 1986 年 11 月 11 日在《澳門日報》發表的〈創辦《鏡海叢報》與飛南第結友誼〉。

70 《鏡海叢報》1895 年第 16 號，5 頁。

人，原擬齊集省垣後，先由藩署前起事，若能得手，即由花縣清遠一路北上云云。該匪等謀為不軌，幸為李止香大令，先期查獲，以遏亂萌，否則五羊城中，倉猝起事，雖有兵勇，其如迅雷不及掩耳，何嗚呼險矣。"[71]

《鏡海叢報》是飛南第創辦的，雖然他個人同情和支持孫中山的革命運動，但他亦是一個專業辦報人，也忠於辦報時的獨立不阿的報導原則。特別指出的是，上述有關乙未起義的報導，是照登廣州官方來電的，這是基於飛南第為《鏡海叢報》訂下的編輯凡例："首一頁論說，次為中外報，先紀京師各事，次詳各省各國雜事，次為省港報，日採省港各報之可存而非偽者，刪節彙登……"[72] 這篇由廣州來電彙登的消息，其原文措詞是反革命的，若果將它作為飛南第支持孫文及其革命運動的證據則謬甚矣。

反之，《鏡海叢報》於是年 11 月 27 日在《本澳新聞》一欄所載的 "事必再發" 一文中，則顯然是支持孫的革命運動，因為文中有 "孫楊兩人均赴外洋，餘黨散伏內地以待再舉，文有亂天下之才，所結黨半為雄傑。" 等語，另外，葡文版《叢報》早在 10 月 30 日已對革命黨首次起義行動有所提及，不過較之《鏡海叢報》的報導簡略而已。

根據以上分析，由於已經出版的革命文獻對乙未首義籌劃過程記載得很簡

■ 鏡海叢報

71　同前註，6 頁。
72　同前註，1893 年第 1 號，1 頁。

略，而且內容亦不一定正確，為此，這裏所介紹的藏在港澳的檔案中有關乙未起義史料，無疑是研究這次起義的最珍貴資料，足以補充現有革命文獻記載的不足。

澳門政府的"民政檔"亦收錄一些有關孫中山在澳門的革命摯友的情報資料，其中包括盧廉若、楊鶴齡、飛南第等的資料。相信研究孫中山的專家對盧、楊兩人較為熟識，因此本文僅介紹鮮為人知的飛南第的資料。

飛南第是世居澳門的"土生葡人"，1863 年 2 月 13 日在澳門出生，父親是世居澳門的葡萄牙人，母親則是華人。飛是孫中山在香港唸書時結識的朋友。當時飛在香港法院先後擔任過書記、傳達員和翻譯員的工作。兩人認識後便成為摯交。孫中山於香港西醫院畢業後到澳門行醫，飛已回澳門，因此孫曾託飛南第替他申請醫生執照。飛來自印刷世家，其家族在 1855 年便已創立商務印刷公司，並且替澳門政府印刷刊物。所以，飛南第回到澳門於 1893 年創辦《中葡文週報》(*Echo Macaense* 及《鏡海叢報》)，本身已擁有優厚的條件，可算是深得天時地利。

飛為人富正義感，敢言不畏權貴。當孫中山籌劃乙未起義失敗，被清政府通緝逃到澳門時，飛敢把他收容藏匿在自己寓所，亦即當時《鏡海叢報》的館址所在。數日後，飛更安排孫安全潛入香港，再乘輪赴日。飛可說是孫的救命恩人。

其後，孫中山被港府正式驅逐出境，又為清政府通緝，但飛南第仍然率先在《鏡海叢報》刊載孫的〈農學會序〉，表示對孫中山革命事業的支持。[73] 其實在葡文《叢報》中文廣告版欄，早於 1893 年 7 月至 10 月期間，已連續登載廣告，盛讚孫中山醫術高明，並且介紹孫中山在澳門行醫情況，尤其表彰孫的崇高醫德。例如在 1893 年 7 月 25 日所登的"神

73　同前註，1895 年第 16 號，1 頁。

乎其技"廣告是由前山軍民府刊登敬謝孫先生的："人身似病而非病，雖
不致命，而為終身之累者，其惟痔乎。西醫專以濟人為心，故特於疾不
厭，精求而考之，設法以治之，癒者無算。余患此疾廿餘年，愈治而愈
甚，云春痔大發，每最必大解，每大解必臥數時而後起，其苦已甚，其
累日深。友人何瑞田聞之見訪，力陳孫逸仙之人品、學問及所習歐洲醫
法堅屬，延其施治。予久聞孫逸仙之名，亦知其醫法，無論內外奇難雜
症，莫不應手回春，奏效神速，且非以此謀利者。及經何瑞田力薦，予
愈信之不疑，遂於去歲臘月封篆後，延請孫逸仙診視，據云：'醫有數
法，或刀、或剪、或燒、或線紮、或藥水激，願用何法治之聽裁。'予
請以藥水激。又云：'此痔甚老，激一次恐不能除根，姑試治之。'遂用
水激之法，略與針刺相似，並無甚苦，約五六秒之久，離針便照常矣。
次日又激，兼服藥丸，每瀉一次，其痔略枯。數次後，枯縮過半。不過
七日之功，其痔遂脫，毫無他害。念餘年痼疾，一旦頓除，因之家內男
女老幼上下人等，亦皆信之不疑，請其醫治。或十數年之肝風；或數十
年之腦患；或六十餘歲之咯血，均各奏效神速。予受人之益，不敢藏人
之善，謹登日報，以告四方之同抱是病者。"[74] 而廣告中向患者推薦孫中
山的何瑞田即何穗田，為當年澳門鏡湖醫院的十二名值理之一。飛南第
亦在他的葡文版《叢報》數次報道有關孫在澳門的行醫情況。[75] 例如，在
1893 年 9 月 26 日及 10 月 7 日亦兩次刊登名為〈春滿鏡湖〉的廣告，介
紹孫先生在澳門行醫的實況：

> 大國手孫逸仙先生，我華人而業西醫者也，性情和厚，學
> 識精明，向從英美名師遊，洞窺秘奧，現在鏡湖醫院贈醫數月，

74　標點為筆者所加。
75　同上；Echo Macaense，1893 年 12 月 17 日，2 頁。

甚著功效，但每日除贈醫外，尚有診症餘閒在。

先生原不欲酌定醫金，過為計較，然而稱情致送，義所應然。今我同人為人釐訂規條，著明刻候：每日由十點鐘起至十二點鐘止，在鏡湖醫院贈醫，不受分文，以惠貧乏；復由一點鐘至三點鐘止，在寫字樓候診；三點鐘以後出門就診。其所訂醫金，俱係減、贈，他如未訂各款要，必審視其人其症，不事奢求，務祈相與有成，俾盡利物濟人之初志而已。下列條目於左：

一凡到草堆街中西藥局診症者，無論男女，送醫金貳毫，最早七點鐘起至九點鐘止；

一凡親自到仁慈堂右鄰寫字樓診症者，送醫金壹圓；

一凡延往外診者，本澳街道送醫金貳圓，各鄉市鎮遠近隨酌；

一凡難產及吞服毒藥延往救治者，按人之貧富酌議；

一凡成年包訂，每人歲送醫金五十圓，全家眷口不逾五人者，歲送醫金百圓；

一凡遇禮拜日十點鐘至十二點鐘在寫字樓種牛痘，每人收銀壹圓；上門種者，每人收銀三圓；

一凡補崩口、崩耳、割眼膜、癩瘡、癭瘤、淋結等症，屆時酌議；

一凡奇難怪症延請包醫者，見症再酌；

一凡外間延請，報明急症，隨時速往，決無遷延；

一凡延往別處診症，每日送醫金三拾圓，從動身之日起計。

鄉愚弟　盧焯之　陳席儒　吳節薇

宋子衡　何穗田　曹子基仝啟

　　這份珍貴資料不單證實孫中山先生確曾在澳門行醫，由於是當時的記載，所以可信性甚高。從這份記載亦可得知孫中山先生每日在澳門的基本活動，即是當時在澳門行醫的地點、時間及業務範圍。更重要的是透過內容亦可知道，他憑着高明醫術及醫德，甚得當地華人擁戴，因為登這段廣告者都是澳門的華人富商及知名人士。

　　其實《鏡海叢報》一早在 1893 年 7 月 18 日的創刊號已以〈鏡湖耀彩〉為題介紹了孫中山怎樣在澳門憑着他高超的醫術醫好了六位病人："陳宇，香山人，六十一歲，患沙痳八年矣，辛楚殊常。頃在醫院為孫醫生割治，旬日便痊，精健倍昔。又西洋婦某，始產不下，延孫醫治之，母子皆全。又賣麵食人某，腎囊大如斗，孫醫用針刺去其水，行走如常。又大隆紙店兩伴，誤為毒藥水焚炙心胸、頭面，勢甚危殆，孫醫用藥敷之，旬日就癒。又某客棧之伴，與妻口角，妻於夜半吞洋煙求死，次晨八點鐘始有人指到孫館，如法救之，亦慶更生。又港之安撫署書寫人尤其棟，患吐血症多年不瘳，華醫束手，親造孫醫求治，一月奏效。"

■ 相傳澳門草堆街 80 號是中西藥局舊址

辛亥革命成功後，當時飛南第任澳門市議事公局（即今市政廳）議員，曾於 1912 年 1 月 11 日致函孫中山，對推翻清朝統治和孫中山就任臨時大總統表示祝賀。中華民國成立之初，飛又向澳門議事公局建議在局外升旗和舉行大會，慶祝中華民國誕生和孫中山就任臨時大總統。飛南第可以說得上是在孫中山早期革命生涯中，給予孫相當大支持的一位外籍朋友，很值得史家進一步認識。

研究飛南第最重要的資料是收藏在"民政檔"的有關飛氏生平履歷的一些文件。這是由於他晚年曾考入華政務廳屬下的翻譯署當翻譯官，在申請考試時，飛南第需要遞交有關資料文件。這些文件一直保留在飛南第私人檔內，故有幸留存至今，成為我們研究其生平十分珍貴的第一手資料。

飛南第是天主教徒，他居住於下環正街，屬聖老楞佐堂教區，所以有關飛南第的宗教信仰等人生大事，如領洗、結婚以至死亡等資料情況，在該堂檔案部仍存有記錄。其中一些資料更是十分詳盡，例如從他的領洗記錄，可以得知飛南第的身世和詳細家庭狀況。結婚記錄則可以找到其夫人的身世等珍貴資料，這些教堂記錄都是研究飛氏家庭背景不可缺少的原始史料。

至於研究有關飛南第的事業和思想方面，除了上述的"民政檔"文件可以提供原始資料外，在他本人所創辦的中葡文週報及其他當時出版的葡文報章，亦可以找到有關他的一些軼事，而從這些文章的記載及他本人撰寫的社論，亦不難見出一些蛛絲馬跡，有助認識飛南第的言行。為此，本文特選錄以下一系列《鏡海叢報》談及該報的辦報宗旨和原則的言論以供參考。

在一篇以飛南第授詞味味生（該報主筆，正名王琴南）改稿的社論有這樣的言論："本報之名，夙著遠邇，中西之君相，且不畏其權勢，時發微議，而畏爾等之曰控曰殺乎……邇聞外間有等奸人，深嫌本報指摘過甚，露示機緘。或曰焚殺，播以風聲，行其恐喝，是直欲以么麼世人之力，而撼天空之健氣。"[76]

在 1895 年 3 月 27 日的社論有這樣一段話："本報之剛正自持，懲惡鋤奸，固未嘗損變規模，或改其夙昔所存之素志……知無不言，言無不盡，勉為耿正之士斯固夙心也。操報以來，遇有西洋弊壞之政，必於報楮而指陳之，以冀修警。"[77] 又 "本報創設兩年，經歷多變，專為人所不敢為，而平人之所不平。中西國家，本澳豪惡，各等教會，雖至囚殺相加，無所狗避也。"[78]

1895 年 8 月 21 日的社論又重複："本報開辦以來，德者固多，怨怒蓋亦不鮮，無論中西官紳，苟其狡戾暴者，天人敢鋤，本報必奮身振筆，猛為攻擊……本報則無黨無偏，照公發議，則亦可以心鑒。"[79]

從上所引述的《鏡海叢報》言論，可以得知飛南第疾惡如仇，對揭露和批判中國和澳門一些貪官污吏、土豪劣紳的敗行，不遺餘力，所以該報的主筆曾遭人在街上潑鏹水，而飛南第立即以報主身份懸紅緝兇，並且登告表示這些兇徒的行為是絕不會令他畏縮的。[80]

由於飛南第在葡文版的叢報同樣敢言，經常筆誅西洋權貴，更不時猛烈攻擊當時澳督的政策，因此被澳督告到法庭，打了一場大官司。這一場官司的審判過程被一張當時在香港出版的葡文報紙連續報導，飛南第在答辯中顯得義氣凜然，為研究飛南第言行的不可多得資料。[81]

就以上的言論，已足見飛南第的思想取向。《鏡海叢報》的〈論說〉，相當於現今報章的社論，多論及國事，言論十分激烈，常抨擊清政府，

76 《鏡海叢報》1895 第 37 號，1 頁。
77 同前註，第 28 號，1 頁。
78 同前註，第 35 號，2 頁。
79 同前註，第 5 號，1 頁。
80 同前註，1894 年，第 23 號，1 頁。
81 *O POVIR*（前途報），第 98，99，100，101，103 期。

倡導富強救國，將中國變成近代化的中國。研究孫中山早期的近代化思想，飛南第可能是很有影響力的人物，很值得深入研究。

辛亥革命期間，澳門除了這兩份由飛南第出版的報章，葡文日報及週報現仍存有的，亦最少有四、五種，分別是 *O Porvir*（前途報），*A Verdade*（真理報），*Vida Nova*（新生命報），*O Independente*（獨立報），*O Oriente Portuguez*（東方葡人報）和 *Lusitano*（西洋報）（據筆者所知，尚未有人對這些葡文報紙作深入調查）。

值得一提的是，其中《獨立報》及《前途報》經常報導有關飛南第及其報紙批評澳門政府的言論與該報章所涉及的官司，尤其是與澳葡政府打的官司。透過這些報導，除了可以進一步了解飛南第在葡人眼中的為人，亦可得知飛南第、巴斯托（BASTO）律師與孫中山先生是非常要好的朋友。例如根據《獨立報》於 1894 年 2 月 24 日有關巴斯托律師的報導，飛南第及巴斯托常常事事維護着當時處身澳門行醫的孫中山先生。

這些葡文報紙像香港的英文日報一樣，在省港澳新聞欄、社論及特別報導欄，都刊載了一些與革命黨員及革命運動有關的資料，但同樣地，亦是要耐心及細意查閱每日的報紙，才能發現這些資料。

3 香港（澳門）在辛亥革命中的作用

　　辛亥革命在中國近代史上重要性毋容爭議，但很少人知道，整個革命運動能夠成功，度過早期一段艱苦的日子，延續下去，終將滿清政府推翻，則是與香港和香港愛國華人很有關係的。在整個革命過程中，在1895～1911年這段時期，大多數的起義都是直接在香港組織的，因此香港着實對革命事業起了多方面的作用。首先，每次起義都是利用香港作為基地、策劃和準備工作中心或聯絡站。為此，香港又是籌集和分配經費與軍火的中心點，起義所需的火藥槍械，差不多每次都是從外地購入香港，然後輸運至起義的地點。又各次革命起義的經費，大部分都是向香港愛國華人募捐得來的。最後，香港不單只是海外和國內革命同志的聯絡和招募中心，也是每次起義失敗後，革命隊伍解散後各成員逃避清廷報復的避難所。

　　舉例來說，在1895年的第一次革命嘗試中，興中會就從香港徵集人員送往廣州作為首先對清軍發起攻擊的突擊部隊。[82] 興中會主要成員如楊衢雲、陳少白等則留在香港，集中進行籌款和後勤工作。一批手槍是通過一家香港商行弄到的，"分裝五桶假稱水泥"運往廣州供革命黨人使用。[83] 在1900年的惠州起義中，香港被選定為後方總部，經費和軍火均在此徵集。[84] 是年5月中孫中山先生偕楊衢雲等從日本乘搭法國商船煙

82　《英國殖民地部檔案編號129》卷271，頁442-443。

83　同前註。

84　有關惠州起義詳細情況可參看 Harold Z. Schiffrin, *Sun Yat-sen and the Origin of the Chinese Revolution*, pp. 214-254.

狄斯趕到香港,就在停泊在煙狄斯旁的一隻小船上,召開軍事會議,策劃整個起義。而在這次起義當中,香港革命黨員楊衢雲、陳少白、李紀堂擔當了相當重要角色,他們駐在香港,負責接濟餉械工作,至於軍費,除了中山先生籌募撥給的二萬元外,其餘多由李紀堂自己拿出來支付。惠州地處廣東東部沿海,鄰接九龍,這一事實使香港對起義的作用更大,因為從香港派出人力增援起義軍較為容易,而起義軍受挫時亦可安全退入香港。在此次起義失敗後,起義領袖和被招募的戰鬥人員均取道回港,未受香港當局任何干擾。[85] 事後,粵督德壽將經過情形奏報朝廷時亦提及香港在叛亂中的作用:"逆者孫汶伏處香港,時施詭計……奴才伏查逆者孫汶,以漏網餘兇,遊魂海外,乃敢潛回香港,勾結惠州會匪,潛謀不軌,軍火購自外洋,煽誘遍及外屬,豎旗叛逆。"

壬寅除夕(1903年)洪全福之役,負責策動的人物全部都是香港華人,有些更是香港的知名人士。此次的主腦人物是謝纘泰、李紀堂和洪全福。謝纘泰一直十分尊崇楊衢雲,楊被清官員買兇暗殺後,謝對滿清官員更為痛恨,計劃攻襲廣州,為楊衢雲報仇,替漢族雪恨。因為洪全福是謝纘泰父親的好友,亦由於洪全福是洪秀全的姪子,曾經為太平天國一員猛將,雖然退隱於香港多年,但在三合會裏仍然很有勢力,所以謝力邀洪出山負責攻取廣州。洪答應後即在中環德忌笠街24號四樓"和記棧"設立總部。這次起義的費用全部由香港富商李紀堂提供,行動所需的軍裝及其他用品都是在香港購備和製成,然後由香港陸續設法運入廣州應用。洪全福又在香港印製了幾種"大明順天國"檄文告示,準備攻取廣州之後,張貼起來,作為安民之用。但更值得注意的是,根據港英政府的資料,當時香港著名華人領袖何東爵士和聞人胡禮垣(亦即是何啟爵士的密友)都被清廷懷疑為密謀參與者之一。

85　同前註。

■ 左起為：李紀堂、謝纘泰、洪全福

　　從 1905 年到 1911 年，同盟會香港分會和同盟會南方支部先後發動
了若干次規模較小的起義，香港和香港華人在其中都起了不可或缺的作
用。這些起義包括：1906 年的湖南、江西兩省萍（鄉）、瀏（陽）、醴（陵）
起義；1907 年的黃岡起義；同年 6 月的惠州七女湖起義；同年 12 月的
鎮南關起義。從這些起義的過程中可以看到，香港和香港華人所擔當的
共同角色。

　　首先，每次軍事行動的準備工作主要都是在香港進行的。其次，軍
事行動所需軍火都是在香港購買或製造；或是從別處弄到手然後偷運入
香港，然後在香港收藏起來，最後才秘密送去起義地點。食糧亦以類似
方式送出。一些香港華人的慷慨財政支援是這些起義能夠舉行的重要因
素。在起義之前都有大批革命黨員從各地前來香港結集，聽候命令，等
待出發。在逗留期間，都是住在香港革命黨的總部或招待所。最後但同
樣重要的是，起義失敗後，參加軍事行動的黨人，都會紛紛到港，而同
盟會香港分會和南方支部都要忙於辦理撫助遣散，支銷極為浩繁。至於
震撼人心的辛亥三月廿九日黃花崗之役，其發生過程亦同樣與香港有密
切聯繫。

　　首先大概在辛亥正月，黃興分別召集留日黨人和國內各地黨人前來香港，聽候命令，等待出發。此外又派人前往各地，購買槍械子彈，運到香港秘密存放，等待爆發時機來臨。到了二月間，應召前來的黨人已達數百人之多。為了統籌兼顧，於是在跑馬地設立革命軍統籌部，負責一切調動。更於擺花街設實行部，負責製造炸彈，以作衝鋒的供應。到三月初，歐美、日本、南洋各地籌集的款項陸續匯到香港，於是統籌部忙於將存藏在港的軍火偷運入廣州，而各黨員亦分批從港潛入廣州，準備舉事。起義失敗後，曾參加軍事行動而保存性命的黨員，紛紛逃來香港避難，在新界李紀堂的農場裏獲得庇護。⁸⁶

　　基於上述的原因，無論在興中會或是同盟會的時期，革命黨都曾在香港設立重要機關總部，用來策劃各次起義。好像在革命運動早期歷次

起義都扮演相當重要角色的香港興中會和同盟會香港分會，以及在革命運動後期同盟會一些重要內部組織，如同盟會南方支部及同盟會統籌部都是在香港成立的。而甚至以同盟會會員為支幹，專門去暗殺滿清大員的"支那暗殺團"，亦是在香港組織的。

　　香港興中會的總部設在士丹頓街13號，是以"乾亨行"為名作為掩飾的。另一興中會重要機關是設在德忌笠街20號的"和記棧"，一些主要革命黨員經常在這裏聚會，商討起義大

▪ 興中會香港舊址

86　陳曼如，《1895年至1911年期間中國革命黨在香港的活動》（Chan Man-yue, *Chinese Revolutions in Hong Kong*, 1895～1911），頁180-208。

計。還有一個興中會機關則是《中國日報》的第一個社址，在士丹尼街24號，即著名的陸羽茶室現址所在。後來《中國日報》先搬到永樂行，然後再於 1902 年遷到荷里活道 201 號。當同盟會香港分會於 1905 年成立，其總部即設在《中國日報》的荷里活道社址。同盟會統籌部的大本營則設在跑馬地黃泥涌道 35 號。此外，因為每次起義之前都有不少海外和國內的革命黨前來香港參加策劃工作，而當每次起義失敗後又有為數不少黨員逃避來香港，所以革命黨又在香港各處如堅道、蘭桂坊、保慶坊、摩理臣山道、皇后大道和黃泥涌道設有招待所，用來安置此等革命黨員。

上面提及的革命黨重要機關總部和招待所，都是要一筆為數不少的經費去設立和維持的。但革命黨的經常開支是不單止於此，更重要的是革命黨同時亦要在香港辦報刊宣傳革命工作，至於每次革命起義則更需要一筆巨大額外經費援助。這一切在港龐大的經常和額外開支，都是有賴香港華人慷慨支援，才能令革命運動延續下去。在這方面，香港華人着實對辛亥革命的貢獻相當之大。現試將香港華人用作革命的經費隨意舉幾個例子，以證明這個說法是對的。

革命黨的第一次起義（乙未首義）經費，本來是孫中山先生負責向夏威夷華僑籌募的，但孫先生經過一番努力，只籌得原定的一部分。若果不是得到兩位慷慨的香港華人及時襄助，恐怕第一次的起義就已無法依原定計劃進行。根據史實記載，這兩位香港

興中會招待所舊址

華人是黃詠商和余育之。[87] 黃詠商曾將其在香港蘇杭街的一所洋樓賣掉，得款八千元，用作起義費用；[88] 而余育之則獨自捐出軍餉一萬數千元。[89] 1900 年的惠州起義，全部費用要十萬元，其中的二萬元，甚至三萬元是靠香港愛國商人李紀堂資助的。[90] 根據馮自由的記載，此次起義失敗後，革命黨員的給養、補充以至遣散撫恤等善後費用，都是由李紀堂解囊供給的。[91] 據李本人的自述，他曾先後墊去十八九萬元之鉅。[92] 壬寅除夕洪全福之役的軍餉經費，則更全部是由香港華人一手包辦。據說李紀堂曾捐出五十萬元而導致他事後破產，雖然這個數目可能誇大一點，但據事後廣州官員的報導，此次起義的革命黨員曾擁有至少價值十八萬元的軍械火藥。[93] 潮州黃岡和惠州七女湖之役，用作向日本購械、租船和接運及善後工作等費用，係由香港華人支付的。用於善後的約一萬八千元，用於購械及租船大概是一萬三千元，[94] 而支付革命黨員往來川資、給養、撫恤等用途的經費，其實數不得而知，但毫無疑問大部分支出都是由香港革命黨員如李紀堂、曾錫周、馬培生和李海雲等人負責的。[95] 又如庚戌正月廣州新軍起義，原定起義的時間已到，而孫中山先生在外籌募的經費尚欠二萬元，香港黨員李海雲時任香港文咸街遠同源匯兌業商店經理，毅然將店內之股東存款二萬元悉數提出，作為購置軍械之急需，起義才能依原定計劃進行。[96]

87　馮自由，《革命逸史》第 1 集，頁 45。

88　同前註，頁 10。

89　同前註，頁 88。

90　Harold Schriffrin, p.318.

91　馮自由，《革命逸史》第 3 集，頁 163。

92　《中華民國開國五十年文獻》第 1 篇第 9 冊，頁 680。

93　Harold Schriffrin, p.241.

94　馮自由，《革命逸史》第 3 集，頁 241。

95　同前註，頁 237，188，240-241。

96　同前註，第 1 集，頁 308。

另一例子是革命黨在香港創辦的革命報刊對於宣揚革命工作十分重要（在下文將會詳細討論這一點），但若果不是靠一些愛國香港華人在經濟上大力支援的話，這些革命刊物是難以連續出版的。《中國日報》於1900年在香港創刊，是革命黨的第一份刊物，亦是革命黨的言論機關，作為唯一能夠連續出版超過十年的革命刊物，辛亥革命最後能夠成功，《中國日報》的功勞十分之大。但《中國日報》曾經數次遭受經濟困境面臨倒閉危機，幸得幾位香港華人及時資助，才將該報挽救過來。其實，該報於1900年創刊至1906年的辦報經費大部分是有賴李紀堂支付的。癸卯（1903年）夏秋之間，由於《中國日報》要耗資支援惠州起義，被迫與文裕堂文具有限公司合併，變成文裕堂產業的一部分。丙午（1906年），文裕堂在業務上有倒下來的趨勢，《中國日報》不免要受牽累，幸得香港華商李煜堂將至少五萬元款項增添入股，才令《中國日報》度過倒閉危機。其後在1908年，《中國日報》又一次面臨經濟困境，幸得另一香港華人李直勉馬上出資購買該報三千股份，才將它挽救過來。

從上面所舉的例子可以看到，香港華人支持革命的經費相當巨大，但這些來自香港的捐款卻一直被研究同盟會財政來源的史家所低估。究其原因，主要是由於這些史家的研究主要以孫中山先生和其革命同志在海外籌款所得為依據。由於孫先生自乙未首義以後，即被港英政府禁止進入香港，所以香港華人所捐予支持革命運動的款項，自然絕大多數沒有經過孫先生之手，因而從沒有在與孫先生有關的記載中出現。但香港華人的財政支援，對辛亥革命的貢獻是相當重大的。

必須指出，儘管在香港組織和指揮的各次起義都歸於失敗，但它們對革命運動的貢獻仍然是巨大到無法估量的。這些軍事行動，使革命黨人在整整十五年內得以保存對革命事業持久的熱誠和活力，這正是革命運動得以渡過嚴重挫折和希望幻滅的時刻而走到最後勝利的主要原因。但是，如果沒有許多香港華人持續不斷的慷慨支援，則這些革命嘗試和活動就都無法實現。而與此同樣重要的是香港革命報刊在這方面所起的作用，以下嘗試分析此一要點。

中國第一份革命報刊《中國日報》創辦於 1900 年 1 月 25 日，社址設在香港士丹利街 24 號，即陸羽茶室現址所在。[97] 它在辛亥革命運動中所起的重要作用是毋庸置疑的。同盟會香港分會於 1905 年成立時，《中國日報》即成為它的機關報。它比名氣較大的《民報》的創刊還早一些，所以《中國日報》事實上是同盟會最早的機關報。當《民報》於 1908 年被日本政府禁止發行後，《中國日報》就把倡導革命的責任肩負起來，不但成為唯一堅持宣傳工作的革命黨機關報，而且對革命黨員在革命初期尋求革命理論基礎的內部討論作出了貢獻。對於革命運動能夠延續下去，着實有莫大的貢獻。

孫中山先生曾經説過，辛亥革命運動最後能夠成功，在很大程度上實有賴於革命報刊對革命宗旨和革命思想的傳播及推廣。[98] 在革命報刊中，《中國日報》無疑是最重要的，因為它是唯一能夠連續出版達十三年之久的革命刊物；它一直鋭意宣揚民族主義；宣告自己是"中國革命提倡者之元祖"。[99] 在創刊號中，它就毫不遲疑地讓讀者知道報紙取名為"中國日報"的理由，"中國者，中國人之中國也"，[100] 這可能是對中國人民提出民族主義的第一宣言。《中國日報》也對革命黨人尋求革命的理論基礎的內部討論作出了重要貢獻。孫中山在《民報》創刊號上提出"三民主義"思想後只一個月，《中國日報》就起來響應，發表了題為〈民生主義與中國政治革命的前途〉的長文，進一步解釋和詳細闡述孫中山關於社

97　方漢奇，《中國近代報刊史》第 1 冊，頁 157。
98　同前註。
99　同前註。
100　同前註。

會主義的思想。[101] 這篇長文連載十餘日之久。也是在這篇文章中，《中國日報》首創使用“三民主義”這個簡略詞語，“三民主義”瞬即成為概括、代表孫中山政治理想的家喻戶曉的用語。這反映出《中國日報》對革命的貢獻實在相當大，因為它能夠將革命理論廣泛推廣到中國民眾之中。

　　十三年間，《中國日報》的編輯工作始終是出色的，在革命宣傳中一直卓見成效。它對革命軍的每次起義行動都及時作了詳盡的報導，例如它發表了 1906 年江西萍鄉起義的革命宣言，[102] 以及 1906 年和 1907 年廣西與廣東數次起義的其他革命文獻，[103] 將革命的訊息傳到各地中國人民心底處。而且它高度宣揚了革命先烈的英勇事蹟，震撼每個讀者的心弦。由於它以香港為基地，有偷運進入華南的便利，華南人民對它的新聞報導反應極為迅速。它又能夠在東南亞各國的華人社區內廣泛流傳。據馮自由說，國內外的同志都把《中國日報》看作自己的“耳目”，渴望找來閱讀。[104] 從長遠來說，《中國日報》幫助完成了一個很有價值的目標，即讓人們集中關注革命運動。最後但同樣重要的一點是，《中國日報》在海外華人社區中同康有為保皇會進行了卓有成效的鬥爭。

　　《中國日報》屢次與維新派的刊物展開筆戰，對維新派排斥革命，鼓吹立憲的活動，以銳利的辭鋒作出重大的反擊，亦是令眾多讀者，尤其是南洋及嶺南讀者逐漸接受革命學說的主要原因。例如在 1903 年初，當謝纘泰和李紀堂試圖發動廣州起義慘敗後，康有為一派在廣州所辦的《嶺海報》即對革命黨人發動了毫不留情的抨擊，指其為大逆不道。[105]《中國日報》立即發表一系列評論，進行有力的反擊，成功地捍衛了革命事

101　同前註，第 2 冊，頁 512。

102　同前註，頁 513。

103　同前註。

104　馮自由，《革命逸史》第 3 冊，頁 235。

105　方漢奇，《中國近代報刊史》第 1 冊，頁 164。

業。[106] 據馮自由的回憶，這次論爭對提高《中國日報》在廣東省的銷數大有幫助。[107] 又如保皇會於 1904 年在香港創辦《商報》作為宣傳喉舌，積極開展"扶清保皇"的改良主義宣傳。《中國日報》立即進行反擊，發表〈與康有為書〉，揭露康有為"扶清"主張自相矛盾；跟着又發表〈清國近代之大言家〉，斥康為空談政治家。[108] 再如《商報》在 1911 年 3 月 29 日"黃花崗之役"失敗之後，乘機發動攻勢，攻擊革命，鼓吹君主立憲。《中國日報》立即根據法理與事實嚴厲駁斥，文章多數由朱執信執筆，由於詞鋒犀利，駁斥得十分痛快，再一次成功駁斥了保皇會反對革命的宣傳，令讀者仍然擁護革命黨。雙方的論爭一直繼續到 1911 年辛亥革命爆發前夕。[109]

　　《中國日報》並不是在香港出版的唯一革命報刊。它只是最早的而且也是在革命史上堅持最久的一份。根據最近一份有充足文獻依據的研究的估計，在 1911 年以前的十年中，在香港出版的革命報刊曾經同時有過十三種之多。[110] 如《廣東日報》、《東方報》、《世界公益報》、《時事畫報》、《香港少年報》等等。不過，與《中國日報》不同，這些革命報刊

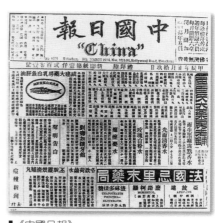

■《中國日報》

中有些並不是在香港創辦的。它們先在國內創辦，然後才遷來政治氣氛

106　同前註。

107　馮自由，《革命逸史》第 1 冊，頁 68。

108　《中國日報》1904 年 3 月 7 日，3 月 22 日，3 月 23 日。

109　方漢奇，《中國近代報刊史》第 2 冊，頁 512。

110　同前註，頁 507-508。

比較自由的香港。實際上，在 1900 ～ 1911 年間，可以看到許多中國知識分子轉向以報刊作為宣傳中國現代化的手段，他們或是提倡漸進的改良，或是主張對現行政治制度進行革命性的變革。這些報刊中有一些因為公開表明了反清立場，不久就招致滿清政府的鎮壓。例如慈禧太后從 1898 年起多次降旨，命令各省總督搜查和毀滅梁啟超的所有著作，發現藏有梁氏著作者一律治罪。清政府亦開始制訂新聞法例，1906 年頒佈《印刷物專律》和《報章應守規則》，兩年後又頒行《大清報律》，以加強對出版物的控制。革命報刊的發行人已經盡力利用治外法權和上海、廣州的租界區，不過在清廷的高壓措施下，甚至上海公共租界亦未必是言論自由和新聞自由的理想綠洲。於是，在二十世紀的頭十年中，革命出版家和編輯便陸續遷來香港，以利用其比較自由的政治氣氛。

同內地同類報刊相比，香港革命出版物在試圖激起中國讀者的愛國熱情上有較大的自由。它們公開宣佈要"鑽研民族主義"，並且保證要"言人所不敢言"。[111] 簡單看一下這些刊物創辦的目標就可證明它們的願望。1904 年在香港創刊的《廣東日報》宣告以"發揮民族主義，提倡革命精神"為宗旨。[112] 一年後，該報編輯部雖已易人，但是仍以"提倡民族主義，排斥異族政府"為目標。[113] 另一份在香港創辦的報紙《東方報》也在 1906 年宣稱主要目標是"鼓吹民族主義"。[114] 1905 年在廣州創刊的《時事畫報》主要是一份畫刊，由於它公開支持革命黨活動並且辛辣諷刺清朝的腐敗，終於在 1907 年冬被迫停刊。但有數名創辦人於 1909 年來到香港，繼續以原有報名出版畫報，共出版了十多期。該報以"攻擊滿洲政府，

111　同前註，頁 509。
112　同前註，第 1 冊，頁 169。
113　同前註。
114　同前註，第 2 冊，頁 508。

指示革命方向"為目標，[115] 所以其主旨仍是高度民族主義的。

香港的革命出版物充分揭露滿清入關時在揚州、嘉定、廣州等城市對漢族人民的血腥屠殺。它們又以同樣的方式熱烈地向讀者介紹了明朝遺臣、太平軍等反清志士的愛國行動。例如，在《世界公益報》一篇題為〈活帝國與死帝國說〉的社論中，作者就呼籲讀者一致"投袂而起"，參加推翻滿清的鬥爭，將之變成漢人的皇朝。[116] 另一份香港革命報紙《香港少年報》自稱以"開通民智，提倡民族主義"為宗旨，在數篇評論中反覆激勵人民起來支持"光復中國"、"漢族河山"的鬥爭。[117]

從上面的討論中可以看得很清楚，由於清政府大力鎮壓反清言論，而香港的環境遠較內地自由開放，因此這些刊物都能銳意鼓吹民族主義，抨擊清政府，提倡革命精神。特別是《中國日報》在保持和傳佈革命精神、瓦解反革命力量、喚起民眾關注革命運動和加強革命思想宣傳等方面都起了重要的作用。無怪革命元老陳少白有這樣一番話來讚揚《中國日報》："中國報者，唯一創始之公言革命報，亦革命過程中一繼往開來之總樞紐也。自乙未年廣州事敗，同志星散，國體幾解，中國報出，以懸一線未斷之革命工作，喚醒多少國民昏睡未醒之迷夢……號召中外，蔚為大革命之風。"

必須指出，儘管在香港組織和指揮的各次起義都歸於失敗，但它們對革命運動最後成功的貢獻從許多方面來說仍然是巨大到無法計量的。同堅持不斷地從香港輻射到鄰近華人地區的宣傳活動一起，這些起義使革命黨人在整整十五年內保存了對革命事業持久的熱誠和活力，這正是革命運動得以度過嚴重挫折和希望幻滅的時刻而走到最後勝利的主要原因。

115　同前註。
116　同前註，頁 509。
117　同前註。

最後但同樣重要的是，辛亥革命運動早期的多次起義失敗是與在香港發生的一些大事有關的。而孫中山先生其後能夠令革命運動扭轉劣勢，奪取主要香港華人支持的操控權和絕對優勢，對革命最後的成功起了重要作用，亦與在香港發生的一些大事有關，但這個重要問題鮮為史家注意，因此有必要詳細解釋當時實況。

要推翻清政府，必須擁有一定的條件才能有機會成功。首先是要有一批先進知識分子思想家去釐定和宣揚革命思想。其次是要有一班同情革命運動的富有商人，樂意提供龐大經費支持革命運動，並要一些在當地有政治地位的人士公開或暗中爭取外國政府的了解、同情和認同，甚至要暗中保護革命黨員的人身安全和協調輔助革命黨員進行計劃時的調動。最後還要一批武裝精良、視死如歸、身先士卒，敢於在最前線衝鋒陷陣，為了推翻滿清政府而捐軀的革命分子。

回顧興中會時期與同盟會初期在香港澳門策進起義的革命黨員，都不乏上述的人材。但孫中山先生及其革命同志嘗試多次起義都一敗塗地，這是否由於他的早期革命思想未成熟、未有堅定立場、無法獲得眾多黨員充分支持，亦即是未達到統一革命戰線所致？有甚麼人為過失？若果條件不足，能否說一些革命先烈不自量力、枉作犧牲呢？每次在港澳策進起義得到了些甚麼啟示教訓？而孫先生究竟是在哪時才取得決定性的優勢？而這一切是否與在香港澳門發生一些大事和一些香港人物有關？

上述的成功條件孫先生在革命運動初期能夠把握多少？一般著作都認為孫先生與“四大寇”[118] 的其他三人在香港求學時代已有驅除韃虜、推翻清政府的決心。但細讀港澳的第一手史料與了解在港澳發生的史實，則這個觀念有待商榷。筆者認為，李敖先生多年前提出的看法值得深入

118　四大寇：孫中山、陳少白、尢列、楊鶴齡。

■ "四大寇" 合影 (前排左起：楊鶴齡、孫中山、陳少白、尤列)

探討，李認為孫先生在香港經歷了革命思想的重大演變，即在"上李傅相書"的前後。[119] 筆者認為不出兩個可能性，一是孫先生"推翻清政府"革命意志仍未堅定。這是由於大部分興中會成員仍傾向支持光緒皇帝，只抨擊慈禧太后，對此孫先生仍猶豫不決，而"上李傅相書"可以説是他本人革命思想的分水嶺。另一可能是孫先生"推翻滿清政府"的意志早已堅定，但礙於香港形勢條件不夠，並不容易施行，只好接受一些緩衝的施行方法，弄至言行有一定矛盾，這是導致初期起義一敗塗地的因素。

有足夠證據證實，孫先生要向現實低頭。首先，孫要爭取革命經費。本來孫先生最初在澳門行醫時，收入很不錯，而他的大哥孫眉亦曾提供一些資助。但當他被迫離開澳門，在廣州洗基東西藥局行醫並開展革命時已出現經濟拮据情況。到了在港成立興中會時，由於要策劃乙未起義，需要相當龐大經費購買槍械，又要懂門路，更要找人暗中保護，以及爭

119　李敖：《孫逸仙和中國西化醫學》，文共書屋，香港，1968 年，96 頁。

取外人尤其是在香港的英國官員和輿論支持，而這些都不是孫先生及以
"四大寇"為核心的興中會同志所能辦得到的。所以在競選興中會會長時
已反映出，孫及其"死黨"是在形勢比人弱的情況下，要向現實低頭，讓
楊衢雲做會長，而並不是甚麼為大局着想計，不相爭持，避免引起內部
磨擦。細看香港興中會的成員，孫中山先生可以說是相當"西化"的成
員。他早已離了中土家鄉，"始見輪舟之奇，滄海之闊"，"自是有慕西
學之心，窮天地之想"的胸襟。他已經歷夏威夷的意奧蘭尼書院（Iolani
College）和阿湖書院（Oahu College），受過西方教育，這些身世，都使
孫中山的身份大大不同於來自國內其他欲改革中國的志士。他們多是道
地的"土包子"，或對西方稍有了解，但全是間接的。但孫亦有不少志同
道合的香港華人與他常常商談國事。

香港興中會的其他成員亦有不少屬於"西化"的華人，例如以前"輔
仁文社"社員為骨幹的一批，如楊衢雲、謝纘泰、劉燕賓、周昭岳、溫
宗堯等十六人，多是香港政府官校大書院的畢業生。在大書院攻讀的學
生較同時代中國內地的學生，對西方學問和世界事務的知識也高深得多
（在下文將較詳細解釋）。

但要指出的是，他們最初參加輔仁文社原是旨在"開通民智"，只是
一個交換智識、研究學術之所，雖有愛國之心，還不敢公開談論反對政
府，都是秘密商談有關救國方策。雖然轉而加入興中會，意欲改革清政
府，但他們所謂"改革"大有可能只是停滯在"改良"思想上。這些會員
不少不是政府公務員便是洋行買辦文員或英報記者，雖然他們在香港都
能夠目睹一些愛國的民族性行動而有所激發，但由於他們的飯碗與侵略
中國的外人有密切關係，而港英政府對於香港華人組織愛國民族性運
動，非常敏感，監視甚為嚴密，恐防這類運動含有反帝意識，所以這些
與港英政府關係密切的"革命黨員"，不便公開支持推翻清政府，以免導
致英國政府與清政府鬧翻，故只能暗中支援保護。而由於這些同志多是

■ 輔仁文社

負責溝通在港英國官員、商人及報人，以爭取他們的支持，所以相信在
公開場合，他們都表示較屬意於緩進的改革思想，亦即是康有為、梁啟
超的維新立憲思想，這都是由於港英及澳葡政府在立場上不能公開支持
任何推翻清政府的行動所致。這正好解釋為甚麼支持興中會的《德臣西
報》主筆黎德在 1895 年 3 月 18 日的社論明確指出，當乙未起義成功後，
革命黨並不打算創立合眾政府（共和），而是成立君主立憲政制。

　　除了上述的身為公務員或為外國機構辦事的興中會會員外，另一類
同志便是在香港社會有地位的商人和專業人士。這些人為了保障本身的
利益，自然更加不便公開支持推翻清政府行動，因為在香港營商的華
人，大都與廣州的官場有極密切的聯繫，有些甚至是廣州官員在港的耳
目。而在乙未首義扮演重要角色的黃詠商與何啟便是這類人中的代表。
黃是香港首名華人議政局議員黃勝的公子，因他變賣一座樓宇，將所得
捐作經費，才有這次起義。而由於何啟是香港法律界的前輩，關於法律
外交事件，孫中山及其他興中會員多"就商之"。而在策劃乙未起義時，
謝纘泰和何啟兩人是負責對外一切交涉的。而何啟是有名的"改良"派

思想家，在香港政府和社會都有崇高地位，
更是孫中山就讀的西醫院的創辦人，而且他
長期為港英政府委任為議政局議員，不特為
香港華人悉為他的"馬首是瞻"，就是港英
政府遇着關於華人的要政，也都要諮詢他的
意見。何啟不但是一位學識宏通、對於中西
政教都有湛深的研究的人，而且也是愛國憂
時，以中國興亡之責為己任的志士。他常常
以英文發表關於革新救國的主張，也從他的
著作可以知道他這時期的思想是較接近康梁

■ 何啟

維新派的。而謝則與康有為的弟弟康廣仁很有交情，其後謝更嘗試透過
康廣仁與康梁派合作，但並未成功。

　　至於楊衢雲，從他的生平可以斷言他是一個熱血愛國人士，為了國
家民族不惜犧牲自己生命，亦早有推翻滿清之心，是革命早期的一個精
英分子，亦是一個受人愛戴擁護的年輕人，不然亦難以擊倒受"四大寇"
幫力捧的孫中山成為興中會會長。由於他亦懂技擊，可以說是身懷絕技
的人，而且是懂英語西學的知識分子，曾在南洋唸書工作，回到香港又
先後在政府及洋行肆事，所以是興中會負責購買軍械最理想的人選，因
而是策進乙未首義的關鍵性人物。只是從他的事蹟記載中，難以找到他
對革命思想的任何言論。相信楊是一個相當率直並非善於工計的人，所
以當興中會全人在乙未一役寄予重任，令楊負責籌措餉械，最後還是出
錯，走漏風聲，令一班精英分子如陸皓東等革命志士犧牲了寶貴的生命，
而楊亦要避難到國外。楊的調動出錯，大有可能是因為他依賴往購軍械
及資助他的一些華商、公務人員或英籍人士，其思想形態仍是傾向於支
持光緒皇帝的改良立憲派，所以不慎向屬於維新派的人洩漏風聲。所以
大有可能當忠心支持康梁的港人知道興中會將在廣州發動起義消息後，

馬上與相熟的廣州官員報信，導致乙未首義的計劃胎死腹中。

　　至於孫中山先生在乙未起義時的革命思想形態更要細心分析。以眼光敏銳見稱的李敖先生，很多年前已指出過去的歷史解釋太偏重在"革命"的一方面，而忽略了孫中山在革命前的濃厚"改良"主義色彩。[120] 李先生認為孫中山在香港西醫院攻讀時經歷一段很重要的革命思想轉變，這段轉變可能與其基本精神是一致的，不外是"改革"清政府、救國救民，但是表達和施行的方法，則有顯著的不同。[121] 這個轉變的原因有必要深入探討，但是要了解港澳當時的實情，才能知其端倪。

　　已故的香港大學羅香林教授，雖然不是專業研究辛亥革命運動，但因為對一些香港史料比較嫻熟，對孫先生這個時期的革命思想有獨特的見解。他在談到孫中山與鄭觀應、何啟在港澳時的關係，認為孫的革命主張，與鄭由洋務而進行的新政思想，雖然內容不盡相同，但孫在"革命進行當中，曾有一時期，亦以為新政派所採上書議政方法，無妨向清廷中稍為開通的大臣先為一試，故於鄭觀應與何啟等的計劃，亦未持異議，而且有所參與。"[122] 這番話就是跟李敖先生所提的意見非常接近，都體會到孫先生在港澳時期的思想有明顯的"改良"色彩。其實孫先生自己在《倫敦避難記》的自述就直認不諱：

> 予在澳門，始知有一種政治運動，其宗旨在改造中國，故名之曰："興中會"。其黨有見於中國之政體不合於時勢之所需，故欲以和平手段，漸進方法，請願於朝廷，俾倡行新政。其最要者，則在改行立憲政體，以代專制及腐敗的政治。予當

120　同前註，71-73 頁。
121　同前註，86-88 頁。
122　同前註，82 頁，據羅香林：〈國父革命主張對於何啟與鄭觀應等之影響〉。

時深表同情，即投身為黨員，自信固為國利民福計耳。

　　中國睡夢至此，維新之機，苟非發之自上，殆無可望，此興中會之所由設也。興中會之所以偏重於請願上書等方法，冀萬乘之尊或一垂聽，政府之或可奮起。且近年以來，北京當道諸人與各國外交團接觸較近，其於外國憲政當必略有所知。以是吾黨黨員本利國福民之誠意，會合全體聯名上書。時則日本正以雄師進逼北京，在吾黨固欲利用此時機，而在朝廷亦恐以懲治新黨，失全國之心，遂暫擱不報。但中日戰事既息，和議告成，而朝廷即悍然下詔，不特於上書請願者加以叱責，且云此等陳請變法條陳，以後不得擅上云云。

　　在這段話中，孫先生的和平緩進改良思想色彩是很明顯的。所謂"和平手段"；所謂"漸進方法"；所謂"請願於朝廷"；所謂"冀萬乘之尊或一垂聽"；所謂"會合全體聯名上書"等，都是改良派語調，無從否認。但明明一般革命文獻都記載孫在西醫院唸書時即與"四大寇"其他三人商議革命事，就是孫的當時最好朋友之一的陳少白，在《興中會革命史要》的回憶中亦說："他進校（西醫院）以後，天天談革命，同學中當然沒人同他談的，或有以為大逆不道而避他的……叫他'洪秀全'。因為孫先生平時常常談起洪秀全，稱為反清第一英雄，很可惜他沒有成功……"而當時與孫在西醫院攻讀至畢業的唯一同學江英華亦在被訪問時談及"總理在院之時，即善與同學談革命"。[123]

　　如果孫先生在港澳期間的思想既是"改良"派又是"革命"派思想，不是有內在矛盾存在？筆者認為只要細心分析港澳當時的實況，便不難找到合理的答案。筆者不懷疑孫生生早"蓄革命之機"，但從有真正"革

123　同前註，69頁。

命"思想或蓄"革命"之機，到將它實施於策進革命運動以達革命之旨，是一條遙遠的道路，是要創造足夠的條件和把握當前所容許的每一個機會，向目的推前一步，才能最後實踐的。但孫先生能夠成為一個偉大的革命先行者，是由於他是一個傑出的策略家或戰略家，他懂得盡量利用當前形勢去達成他的最終目的，他絕對是識時務而又能夠把握機會的俊傑，並不是僅憑赤膽忠心去完成革命大志，是不容易被不利形勢難倒的，這就是偉大領袖的難得品格。他往往表現出非常現實的一面，權衡實際情況後，敢於嘗試任何形勢容許的一切方法手段去完成革命任務。這是孫先生勝過其他革命同志一籌的地方。這種精神令革命運動能夠屢仆屢起，度過嚴重挫折而走到最後勝利。

現將孫中山在乙未首義前面對的港澳實況作一申述，以便更清楚了解他的言行。上文已說到孫先生要將思想實施於行動上去救國救民，就必須要得到香港華人一些權貴人物的支持和協助才能開展其革命運動，而其中一個最關鍵性人物便是何啟。何在 1887 年便發表了〈《中國先睡後醒論》書後〉的革新救國文章。這時正是孫在西醫院常與楊鶴齡等談論鼓吹革命的時代。何啟是西醫院的創辦人兼主腦人物，更可以說是孫的"恩師"，孫和他早有一定的交誼。何的言論孫不能不熟知。而孫在院內的超卓成績，甚至他鼓吹革命的抱負，何亦不會無所聞。由於兩人都是十分"西化"的華人，有惺惺相惜的感覺是很自然的事，一個敬重老師，一個賞識後學，這段交情和兩人地位懸殊就是令到孫先生言行不能協調的主因。何啟是在香港社會權重一時的華人領導，對孫的興中會贊助尤多，但以他的地位計"不願列名黨籍"，雖然如此，對於孫的革命大計，常常參與，而"興中會對外宣言，亦由何手修正發出。" [124]

124　同前註，72 頁，據民國二十四年廣州嶺南大學孫逸仙博士紀念醫院籌備委員會編印：《總理開始學醫與革命運動五十周年紀念史略》。

　　與何啟正好相反，孫只是一個醫學院學生，就是在西醫院畢業後成為醫生，孫在港澳社會還是沒有甚麼地位，想革命，以孫這樣領悟力高的人才來說，沒有道理不曉得缺了像何啟這樣一個有力人士的支持，簡直是難過登天了。所以就算孫先生抱有徹底革命主張，但要開展革命運動，就不敢冒犯何啟這些香港權貴。儘管這些改良派權貴人士的政治見解和內容與孫有所不同，但並未令他停止與他們相互交往。故此對何啟、鄭觀應等改良派的革新計劃，"亦未持異議，而且有所參與。"而就是在這種參與的過程裏，不但結識了著名改良派思想家如鄭觀應和王韜等，導致孫有上書李鴻章之心，而且王韜還為孫寫了介紹信給李鴻章的幕僚羅豐祿，以達成孫上書的積極效果。

　　若果我們將一些發生在港澳的史實和港澳一些重要人物拼成一個清晰的歷史圖案，然後將孫先生放進去，孫先生在這時嘗試採取較緩和的手段去達成革命的最終目的，是完全符合史實和合理的行動。讓我們嘗試拼合這幅圖案。

　　當孫在大書院唸書時，每屆不少畢業生都被當時主西化的大臣如李鴻章、張之洞等錄用為政府效勞，不少這樣香港學生其後更在中央和各省的不同層次上分別擔任政府高級職務。而在差不多每次畢業典禮上，當時的港督或校長的致詞內，都會向李鴻章等致謝。孫一定早已知道有李鴻章這樣一個人。

　　當孫進入西醫院時，李鴻章是西醫院的名譽贊助人。孫的良師何啟是西醫院的創辦人，與李鴻章必然相當投契，而此時孫在港澳認識到的鄭觀應則更是獲李賞識的人，因為李鴻章是於光緒八年（1882 年）奏定鄭氏專辦商務，後更任招商局總辦。而孫先生的另一西醫院良師康德黎教務長，在孫畢業典禮的演講詞中，亦表示出對李鴻章的讚賞和敬仰："勿謂貴國的當局不相信科學，那極有權威的李鴻章先生，關於本院的職務曾覆信述及……他要求先給我們以科學，有了科學，則其他一切，都會跟着來了。"[125] 若果與孫先生一同參與這個典禮的江英華的回憶可信的話，則孫在上書李鴻章之前已有過一小段直接關係。根據江的話，當他和孫先生在西醫院畢業的時候，曾發生了以下一件事：

> 畢業後因香港未有位置，時香港總督羅便臣曾馳書北京英公使，託英使轉薦於北洋大臣李鴻章，謂總理與余兩人識優學良，能耐勞苦，請予任用。李覆書羅便臣總督，云可來京候缺。每人暫給月俸五十元，並欲授吾二人"欽命五品軍牌"。總理為潛身京都，運動諸人革命，允即前行，吾二人遂偕康德黎師往省（廣州）。請英使轉商總督德壽領牌，然後晉京，以免惹清政府之忌。詎德壽總督諸多為難，欲吾二人填寫三代履歷等等，方准領得。總理氣怒而返港，余亦勸其莫輕易進京，以免身危，遂不果。[126]

　　從上述一些史實可得知孫為甚麼要上書李鴻章，就是因為對李早有印象，覺得李是權重一時，受外人尊重的一位識時務之大員，而且肯錄用像他這類西化華人。就算要聽他話，但辦起新政來，未嘗不可挽救當時的中國。但當他了解到連李這樣的人物竟無意亦無力推動新政時，可能是基於精神受挫敗，在怨憤情況下，亦可能是基於理智的分析，革命意志堅定下來，決計積極籌備興中會去推翻清政府。

　　上文已論及孫在興中會難有甚麼操控權。所以籌劃乙未首義時，最重要的事都要交付何啟、謝纘泰、楊衢雲等並非嫡系的黨員去負責。結果就是由於這方面出錯而影響整個起義的成敗得失。反而在廣州一切進

125　《德臣西報》1892 年 7 月 24 日。

126　李敖上書，95-96 頁，據鄭子瑜：〈總理老同學江英華醫師訪問記〉，1940 年，《華僑日報》。

行較為順利，這可能是由於孫親自策劃，加以輔助他的鄭士良、陸皓東，是這時期較為"志同道合"的同志，而鄭所統率的多是三合會人士，反清傳統毋須懷疑。所以雖然這些武裝戰鬥部隊順利抵達，但由於槍械火藥未能按時運到，令他們白白犧牲不少生命。

限於篇幅，上文只限於探討乙未起義的策劃過程，但有足夠證據證明，其與十九世紀末同樣以香港為基地策動的起義──三洲田軍事革命，最後失敗的主因都在於孫中山未能真正操控興中會，建立統一革命思想戰線。黨員在革命思想上呈現嚴重的分歧。肩負籌餉、買軍械至爭取外人支持重要職責的黨員，都屬香港有權勢的華人，當英國政府及英人輿論仍然公開支持光緒帝，這些西化華人為了維持在香港的利益地位，都不便、不欲或不能公開認同用武力推翻清政府。對他們來說，倘若一日尚有希望以和平緩進方法，即以"改良"派方式進行的維新運動成功改革中國，他們仍然會實際支持"改良"思想多過"革命"思想。

羅香林教授在〈國父革命主張對於何啟與鄭觀應等之影響〉一文中指出，有很多在這時期與孫中山先生過從甚密的友人，如何啟、鄭觀應，其政治觀點與孫是有所分別的，因而令到孫"與鄭觀應何啟等的表現，亦到底是有分別的，這由於孫是由主張革命與實行革命以欲擴大作用與力量，故嘗與改良派的人士互相注意，而終以使改良派的人士亦轉而加入革命的運動。而鄭氏何氏等，乃是由主張推行新政，由所採方法的證明失效，而乃改為歸向孫，而參加革命運動的，非自始即主張革命的，觀於何啟的始終未列名為興中會的會員，其中的消息如何，便可知道了。"[127]

筆者認為羅教授這番話，基本上是說對了。但細心分析當時在港發生的史實便會發現，一般香港華人權貴如何啟及其後最能出錢出力支持

---

[127]　同前註，80 頁。

孫的李煜堂、李紀堂等，都並不是在康有為、梁啟超於 1898 年宣告百日
維新失敗後便馬上歸向孫的。孫文自乙未起義失敗即被港英政府驅逐出
境，清政府以"逆賊"名義追緝，對於這一班香港華人權貴來說，很難公
開對孫加以支持。而且孫雖然繼續以香港為基地策劃其他起義，不過都
只是在泊於香港港口的船上與革命黨員商議。那麼究竟孫先生是在哪時
和在怎樣情況下才逐漸扭轉劣勢，排除上述阻力奪取在港的操控權？其
實這個過程與在香港發生的兩件史實有關，但多為史家忽略。

　　第一件事是當康有為知道百日維新失敗後，立即逃到香港，嘗試在
此建立基地繼續抗拒慈禧政權。康這次訪港引致有權勢的西化華人在港
英報紙展開一場論戰，決定應否支持康梁的保皇派。第二件事是康有為
在 1899 年再次訪港，希望港英政府給予政治庇護，從而利用香港作為保
皇運動的重要基地。康有為於 1898 年 9 月 30 日晚到達香港，他在香港
短暫逗留期間，抓緊時間尋求英國人對維新變法的支持。他還涉足十分
西化和商業化的香港華人圈子以顯示其政治才華。[128]

　　在康抵港前，香港英文報紙大多數都支持光緒皇帝。報界認為光緒
皇帝既愛國又開明，有決心維持帝國的完整，並希望通過西學推動國家
進步。反之，慈禧太后則是一個獨裁而專橫的女人，是進步力量的大敵，
是"俄國的朋友和工具"，是英國在華利益的威脅，所以他們都偏向同情
維新運動。[129]

　　可是，香港的記者們還未弄清其性質，"百日維新"就已經失敗了。
康有為到達香港後最緊迫的任務，就是如何與港英政府和操英語的香港
人進行對話，以爭取他們支持維新運動，並承認他在維新運動中的領袖
地位。可能正是出於這種動機，"對英語一竅不通"的康有為還是同意

128　K. C. Fok, *Lectures on Hong Kong History*, p. 69.

129　同前註，68 頁。

接受《德臣西報》的採訪。採訪於 1898 年 10 月 6 日晚上進行，詳細內容10 月 7 日見報〔六十八〕。[130] 記者請康有為談論維新派的興衰、誰是中國真正的統治者以及他逃離北京的前後經過。著名買辦、康有為在港期間的東道主何東先生為他作翻譯。康有為在訪談中表現出他的外交敏銳力和待人處事能力，證明他有資格在國際事務中佔一席之地。公正地説，這次訪談證明，他並非像香港的一些批評家嘲諷他的那樣 "毫無思維能力，是個純粹的空想家。" [131]

的確，在海外繼續開展維新運動的開局良好，康有為完全有理由自得。但此後形勢的發展證明，康有為任何自得的言行都為時過早。儘管康得到香港上層頭面人物何東先生的接待，在香港的西化華人圈子內，對於是否應支持康有為的維新運動，卻存在着分歧。這種分歧最突出的表現就是發生在香港英文報紙上的一場大辯論。辯論的一方是 "現代求真者"，此人在假名的掩護下猛烈攻擊康有為；辯論的另一方是何東，他奮起反擊，為康有為作辯護。在這場辯論，西化華人可以説是差不多精鋭盡出，紛紛以英語撰文支持 "現代求真者" 或何東。[132]

在這場辯論中，我們可以有把握地説，康有為在一場民意測驗的驚濤駭浪中沒有遭受沒頂之災。作為在香港政治舞台上為中國説項的第一人，應該説康有為是成功的。許多人認為香港是孫中山革命運動支持者的堡壘，康有為卻證明了自己在西化華人和英國人中間也不是沒有人緣。這場辯論反映出支持康的西化華人勢力很大，尤其是為首的何東，不但在香港社會德高望重而且富甲天下。可是亦有不少西化華人無情地攻擊康，指出他的嚴重過失，所以對他作為領導的形象有一定的創傷。[133]

130　同前註，69 頁。

131　《德臣西報》1898 年 10 月 25 日。

132　K. C. Fok, *Lectures on Hong Kong*, pp. 73-80.

133　同前註，80-81 頁。

究竟孫中山是怎樣及在何時才取得優勢？康有為離開香港而赴日本避難的原因不很清楚，但他很快又於 1899 年 11 月 1 日回到香港。康這次到港引出一個難題：他到底能否在香港避難。此事在英國外交部和殖民地事務部之間造成裂痕，不僅對維新運動的未來，而且對孫中山的革命運動產生了影響。這是由於港英政府最後在 1900 年拒絕給康有為政治庇護，因而導致康失去一利用香港作為保皇運動重要基地的絕好機會，而令整個保皇運動從此逐漸衰微。反之，孫文卻能乘此機會，不單只鞏固香港富有華人對革命運動的支持，而且獲得英國政府的默認和支持。

在百日維新失敗後，康有為，正如史扶鄰教授所說，"為了要恢復權力，保證自己的政治前途，唯一的希望就是採用孫中山的策略 —— 在華僑中募捐，在國內招兵。"[134] 無疑，康梁在美加兩國已爭取到當地不少華僑的支持，但是遠在美加，他們難以領導任何以武力來推翻慈禧政權的活動。假若康梁能夠利用香港作為保皇運動的武裝鬥爭基地，則保皇派的勢力將會是如虎添翼。[135]

1900 年，梁啟超在美國各地替保皇會向當地華僑募捐經費時，已觀察到美國華僑"多工人，少巨商，雖其竭力不能多有所助。"但對於香港，他則期望甚高。原因是在香港商賈比比皆是，梁曾致信康有為，主張盡力強化在港的會務，而在港主持會務的必定要挑選最佳人選充當，"因為總持此事之人，即是當天下最要之衝。"他又建議在港開辦鐵器公司和蠶桑公司以助會務，因為他認為在"香港數十萬易易耳。"[136]

其實，身為維新運動二號人物梁啟超早就指出，如果保皇會在內地舉事，必須在附近建立指揮部，最佳選擇就是香港或澳門。1899 至 1900

134　Harold Z. Schiffrin, *Sun Yat Sen and the Origin of the Chinese Revolution*, 1968, pp. 157-158.

135　K. C. Fok, Lectures on Hong Kong History, pp. 90-93.

136　《梁啟超年譜長編》202 頁，1983 年。

年間，康梁的通信中，梁多次強調香港作為維新派領導起義的基地地位十分重要。[137] 香港不僅是後勤補給中心，還是武器的來源地。一旦起義失敗，香港還可以成為維新派人士的庇護所。梁啟超還建議，香港指揮部可以借用商行身份為掩護，並以此滿足保皇會的對外商業需要。[138] 梁啟超甚至認為，有必要在香港出版英文報紙作為維新運動的喉舌，因為"白人中有很多人對我們抱有同情心。"[139] 梁啟超曾經在獲得北美華人支持方面起過舉足輕重的作用，但他指出，這些華人大部分是勞動者，只有少數企業家。所以從長遠看，他們的經齊支持不能持久。[140]

在爭取華僑資金的競爭中，這個時期革命派是落在下風的。但更重要的還是梁啟超突然一改過往作風，竟然極力主張以軍事行動來爭取華僑的支持。梁啟超的言行對革命派的打擊十分巨大，因為梁令華僑相信，保皇派以武裝鬥爭來解救光緒皇帝跟搞革命並無分別，這樣保皇派便竊取了孫中山和革命黨員一直獨攬的大部分權利。當時確實存在着對孫文極之不利的形勢。假使康有為真的能在香港獲得居留權，孫文面對着隨時被推下政治舞台的危機。若果康梁在港展開以武力來推翻慈禧政權的活動，一些一直都支持革命黨的香港華人，不難會被梁啟超的魅力深深迷倒，而被梁拉過去轉而支持保皇派，這就會令革命黨大亂陣腳。[141] 因為上文已提及，早期革命運動的數次起義的經費，都是有賴香港華人大力支持的。

但畢竟事實是康有為無法留在香港，至於香港政府何以拒絕給予康政治庇護，筆者已有專著作過充分的研究和論述，在這裏只需闡述一些

137　同前註。
138　同前註。
139　同前註。
140　同前註。
141　K. C. Fok, *Lectures on Hong Kong History*, pp. 83-85.

扼要的事實。

必須指出，在康有為前一次逗留香港期間，清政府並沒有對英國當局庇護康提出任何抗議。但時隔一年，由於海外華人對保皇會的支持日趨升級，清廷開始認為康有為比孫中山更加危險。由於情況起了變化，清政府開始通過外交途徑反對香港英政府給予康有為政治庇護。

中國駐倫敦公使羅豐祿於 1899 年 12 月 6 日向英國外交大臣發出照會，抗議英國人為康有為提供庇護。[142] 此時，康的境況非常危險。香港英文報紙反對讓康在香港逗留，而當地有政治影響力的華人，如何啟、韋玉等，都是中國革命黨的著名同情者。可是康有為非常幸運，香港總督卜力爵士堅持認為，香港政府對其居民的管轄權不容外人干涉。

羅豐祿在給英國政府的照會中指出，香港已經蛻變成了中國不滿分子陰謀策劃的場地，並且翻出舊賬，説香港在太平天國時期就充當過起義者的基地。照會稱，日本和美國政府都已經拒絕為康有為提供庇護，還援引 1896 年香港驅逐孫中山的先例，認為對康有為應該照此辦理。[143] 英國政府立即指出，這種類比不適當。孫中山反對中國政府，而康有為則是中國皇帝的親信。據此，英國外交大臣索爾茲伯里爵士（Lord Salisbury）表示，在未徵詢香港當地行政首腦之前，不能接受中國公使的要求。[144]

羅豐祿繼續不斷對英國外交大臣施加壓力。在 1899 年 12 月 13 日與索爾茲伯里爵士的會晤中，羅豐祿再一次要求英國政府將康有為驅逐出香港，他還指控康在有華人居住地籌措經費，招兵買馬，以便向中國的

---

142 《英國殖民地部檔案編號 129》卷 295，頁 703-704；《英國外交部檔案編號 17》卷 1718，頁 199-201。

143 同前註，頁 203-205。

144 《英國殖民地部檔案編號 129》卷 295，頁 718-719；頁 720-721。

皇太后開戰。[145] 索爾茲伯里回答説，英國的一貫傳統是願意為"所有國家的政治難民提供庇護和保護，只要他們採取合法、和平的行為。"於是，問題的關鍵就變成"所涉及的要求政治庇護者是否企圖將香港變成針對大清國的戰爭行動的基地。"[146] 英國外交大臣當時的立場是，如果康的行為是無辜的，就不能拒絕為他提供庇護。一切都取決於卜力總督對康有為的評語。

卜力在給倫敦的報告中稱，康自到達香港以來，一直深居簡出，並未從事任何政治活動，因此康沒有任何觸犯"香港驅逐條例"的行為。卜力因而允許康繼續在香港避難。[147]

殖民地事務部一直堅決支持卜力的立場，外交部儘管有些不情願，也只好照此辦理。外交部的想法是，制訂"驅逐條例"的本意是為了驅逐那些不受歡迎的、會危害當地的外國人，而不是為了向外國政府引渡政治難民。由於卜力總督明確指出，康有為沒有任何"可以援引驅逐條例"的行為，殖民地事務部便不能答應中國政府的要求。[148] 然而，此後發生的事情卻使事態複雜化了。基於對國際法和中英關係更重大問題的考慮，英國外交部最後還是推翻了殖民地事務部的決定。

1899 年 12 月 20 日，清政府對康梁發出通緝令，懸賞捉拿康有為，不論死活。卜力聞訊，強烈抗議中國政府挑唆刺殺身在英國殖民地的康有為。卜力指出，"若我們不放棄職責保證守法來訪者的人身安全，只會大大加重我們的費用負擔。"[149] 卜力決心竭盡全力保證康在香港的安全，殖民地事務大臣張伯倫於是要求外交部就不論死活懸賞康有為一事

145　同前註，頁 718，頁 720；《英國外交部檔案編號 17》卷 1718，頁 254-255。
146　同註 62。
147　《英國外交部檔案編號 17》卷 1718，頁 217。
148　同前註。
149　《英國殖民地檔案編號 129》卷 294，頁 615。

向中國政府提出抗議。[150]

　　就此，殖民地事務部要求外交部注意：清政府對身在香港的康有為採取的行動可能使事態複雜化。倫敦政府中許多官員對此情況唏噓不已，並且紛紛談論是否應該立即着令英國駐北京公使要求中國政府收回懸賞令。否則，若康有為在香港遭綁架或刺殺，英國政府將唯中國政府是問。[151]

　　索爾茲伯里爵士進退兩難。英國政府認為，必須堅持長期執行的為個人提供法律保護的傳統。可是，羅豐祿事先已經警告過，如果康有為在英國殖民地避難，英國在華商業利益將蒙受損失。中國發出如此要挾，是因為英國在華的競爭對手，如日本和美國，已經接受了清政府的要求，拒絕康有為避難。最後，索爾茲伯里決定，必須把維護英國在華利益放在首位。因得罪慈禧太后而影響英國利益是得不償失的。索爾茲伯里在作出這種 180 度大轉彎時，當然也得到外交部同僚的支持。他們認為，在這種情況下，"與其討好卜力爵士，不如討好中國政府。"[152] 於是，索爾茲伯里拒絕向中國政府的懸賞令提出抗議，因為若英國政府干涉中國政府政令，是非常愚蠢的外交舉動。索爾茲伯里在寫給殖民地事務部的信中明確地解釋說，康有為留在香港已經令英國政府陷入嚴重的外交困境。

　　索爾茲伯里爵士認為，如果允許中國政府心目中的危險分子康有為繼續留居香港，總理衙門肯定會視這種情況為奇恥大辱，是英國政府的不友好舉動。中國人相信，康有為會利用這樣的權利來作謀反北京當局的活動。"不論我們作出何種保證（阻止他不參與這樣的活動），他們都

150　《英國外交部檔案編號 17》卷 1718，頁 225。
151　同前註，頁 226。
152　同前註，頁 227-229。

不會相信。"[153] 而且，其他外國列強在北京的代理人一定會乘機向中國政府表示，允許康有為留居香港是英政府對推翻中國現行體制運動的鼓勵。[154]

因如此種種考慮，索爾茲伯里爵士敦促張伯倫同意他的觀點，即應該說服康有為離開香港前去新加坡或其他地方，以便更好地保證他的安全。[155] 殖民地事務部終於很不情願地同意了索爾茲伯里的建議，畢竟索爾茲伯里的觀點與香港英文報紙關於香港作為康有為政治避難地的立場一致。另外，也沒有任何記錄表明有人反對康有為被驅逐出香港社會。但是，為了保全港督的面子，保護殖民地政府說話算數的形象，張伯倫給卜力的指示是"女王陛下的政府考慮到康有為的人身安全，希望港督說服康有為離開香港。"[156] 此後，康有為於 1900 年 1 月 27 日離開香港。因而，康有為在香港的第二幕活劇亦黯然落幕了。

康有為在英國政府的保護下在香港獲得立足之地的希望破滅了。這對於中國革命運動和維新運動此後的發展方向影響重大。但現代中國史學家卻完全忽略了這一點。

從上文可知，在 1899 年底和 1900 年初這段關鍵的時刻，中國維新派和革命黨之間的區別已經變得模糊了。孫中山和梁啟超的注意力都轉向了哥老會，希望通過他們在中國內地發動起義。自立會的湖南領袖唐才常當時正在漢口謀劃舉事，而且已經決定與康梁，而不與孫中山合作。原因是唐認為康梁的保皇會能給他更多的資助。但是唐在 1900 年夏天失敗的原因，據說是自立會沒有得到維新派答應的來自國外的資助。[157] 在

153　《英國殖民地檔案編號 129》卷 295，頁 732-733。
154　同前註。
155　同前註，頁 733。
156　同前註，頁 734-735。
157　Harold Z. Schiffrin, pp. 218-219.

這個階段，梁啟超在給他的恩師的信中反覆強調香港是向計劃中的起義提供資金、軍火和其他資源的重要基地。梁甚至堅持說，他應該親自到香港去主持保皇會工作，因為他對該地區的領導工作頗有意見。由於康在 1900 年初被迫離開香港，梁赴港的想法沒有變成現實。但是，如果有康梁在香港親自指揮維新派的工作，唐才常起義的結果很可能就不同了。但事實是，由於長江沿岸起義的失敗，維新派只好擱置了在廣東更大規模舉事的計劃。於是孫中山才有了大顯身手的機會。

中國革命黨員未能與維新派結成反清聯盟的原因，其他文獻已經有所論述。[158] 但論述者未留意到，康有為能否獲得在香港的政治避難權對聯盟的形成具有決定性意義。[159]

首先，必須指出，那些曾經熱衷於把康有為的維新派合併入革命黨的人士基本上是居住在香港的革命黨人，如楊衢雲和謝纘泰。實際上，在這個時期，楊、謝曾經對孫中山在革命黨內的領導權提出過挑戰。[160]

第二，如果康有為得到允許在香港建立政治活動基地，那麼就應該認真考慮下列事實對孫中山領導地位可能產生的影響。是年初，楊衢雲和孫中山還在爭奪領導權；楊衢雲的親密朋友和鼎力支持者謝纘泰已經在香港與維新派獨立進行了幾年的談判；革命黨內的楊、謝二人僅憑自己的力量就能在香港的華人中籌集款項，獲得軍械，並尋求外國社會，特別是香港英文報紙的支持。必須指出的是，《中國日報》和 1900 年惠州起義的主要資助人李紀堂是楊、謝的好友。李紀堂就是由楊衢雲介紹於 1900 年加入革命黨的。如果康獲得了香港避難權，而梁也在這個關頭

158　Hao Yen-p'ing, "The Abortive Cooperation Between Reformers and Revolutionaries" *Harvard Papers on China*, Vol. XV 1961, pp. 91-114.

159　K. C. Fok, *Lectures on Hong Kong History*, pp. 90-91.

160　同前註。

來到香港與康會合，其能影響革命運動的作用應該會非同小可。[161]

如果既有人緣，又是初生牛犢不怕虎的梁啟超能有機會做拉攏香港華人的工作，可以相信他能夠輕易動搖港人對孫中山的支持。在加拿大和夏威夷，梁在招募原孫中山的支持者參加保皇會方面已經取得了巨大成功。以楊衢雲為例，實際上楊衢雲和梁啟超 1899 年在日本就見過幾次面。[162] 他們很明顯相互賞識，因為梁曾特意在他與孫中山通信時參詳楊的意見。楊衢雲最終於 1900 年同意把革命黨領導權交給孫中山的具體原因不清楚，但此事是康有為離開香港後發生的。最大的可能性是，楊衢雲是個實幹家，典型的熱血沸騰行動派人物，非常希望親自參加孫中山及其追隨者正在香港謀劃的起義。1900 年 8 月唐才常起義失敗以前，維新派在漢口和廣東舉事的前景非常看好。康梁與哥老會建立了很好的關係，與革命黨人相比，他們有更多的錢財可以供給那些反對清政府的視死如歸志士。假設楊衢雲最後放棄革命黨內領導權就是為了要親自參與惠州起義，那麼，參加梁啟超在香港的組織可能會更有吸引力。也就是說，如果康有為能夠在香港避難，那麼梁啟超於 1900 年夏天招募楊衢雲參加保皇會的可能性是不能排除的。[163]

而且，謝纘泰和李紀堂二人都崇拜楊衢雲。而謝在黨內則經常不服從孫中山的領導。李為了革命黨慷慨解囊完全出於他對楊衢雲的友誼和敬重。有一件事很好地證明了李、謝二人願意擁戴楊衢雲為領袖：李紀堂曾獨立出錢資助謝於 1903 年為了給楊衢雲報仇而組織的起義，而孫中山對此事一無所知。更重要的是，雖然這次起義的領導人是謝纘泰和李紀堂，英國政府的情報表明，香港名人何東也在清政府的嫌疑名單內。[164]

161　同前註。
162　同前註。
163　同前註。
164　同前註，頁 92。

另一位捲入這場起義的操英語的重要華人是容閎。容閎據說被內定為擬議中的共和國總統。何東和容閎二人都是康有為的密友。上文已經詳細說明，何東是香港華人中的重量級人物，並公開為康進行過辯護，認為康是最值得信賴的領袖。還應該考慮到另一位對辛亥革命運動成敗得失有着巨大影響力的香港華人何啟的力量，何啟後期成為香港革命黨人的堅強後盾。便在 1900 年以前，何啟的政治理想明顯更接近於康有為的君主立憲制，而不是孫中山的共和制。[165]

當康有為在 1900 年 1 月被迫離開香港時，保皇運動仍然是佔盡優勢的，而孫文由於屢受挫折，被迫採取妥協態度。一般學者相信孫曾經表示只要康有為將保皇會解散，從而贊同革命，孫是樂意兩派合併，讓康當領導人。[166] 若果真有此事，相信孫是礙於形勢對己不利，謀求自保政治地位才作此打算，而不是心甘情願將領導權雙手奉上的。但康一旦離開香港，孫文即能戲劇化地將逆勢扭轉。這主要是義和團事件發生後，引致兩廣情況不穩定，由於康已身在海外，遂無法從這個不穩局勢獲取利益。反之，孫卻乘此機會，大大提高他的身價。根據史扶鄰教授的精闢分析，香港總督卜力為了要保護英國在兩廣的利益，因而嘗試策劃一方面勸說李鴻章宣佈兩廣獨立，而另一方面則邀請孫中山的勢力與李合作。為此，史教授認為藉此良機，孫文此時也許比他一生中任何時候都更接近於得到英國官方的贊同。[167]

一個最合乎情理的想法是，假若康有為仍然在香港的話，在卜力總督這個富戲劇性的計劃中，康理應比孫較更適合去扮演其中一個角色。首先，卜力對康的安全比對孫的安全更為關心，卜力曾盡力替康爭取在

165　同前註。

166　Harold Z. Schiffrin, pp. 165-166.

167　同前註，200 頁。

香港居留權。其次，康在最近的兩次訪港，給一般官員及居港華英人士都留下不錯的印象，況且在港英的心目中，是絕不能將康比作如孫一般的造反者，因為康是現今大清皇帝的心腹，而光緒皇帝仍然是中國的合法統治者。最後，假若李鴻章及兩廣的官紳，真的想背離北京政權，他們應該選擇一個與他們身份相符的人合作，即是說與康有為合作，而不是與被他們公認為逆匪之首的孫文。[168] 但由於康已被迫離開香港現場，而孫文透過在香港政府有影響力的何啟的暗中斡旋，遂能乘此機會與港英政府拉上了關係。

雖然卜力總督的計劃未為英國政府接納而告吹，但孫文的身份已因曾參與商談卜力計劃而大大地提升，港英政府顯然已不是像以前般將他看作一被驅逐出境的造反者，而是已認同他是能夠協助保護英國在華利益的合夥人。正如史扶鄰教授所指出，上述卜力以香港作為基地的一連串密謀是"孫中山政治生涯中一個分水嶺。"[169] 由此亦足以證明，香港政府在 1900 年的決策間接影響到革命和保皇兩個運動其後的前途，港英政府拒絕給予康有為在港居留權，不單只令孫文扭轉逆勢，使革命運動渡過一段最艱苦的日子，延續下去，終走上成功之途，而且亦替保皇運動敲響了喪鐘。[170]

---

168 K. C. Fok, *Lectures on Hong Kong History*, p. 93.
169 Harold Z. Schiffrin, p. 211.
170 K. C. Fok, *Lectures on Hong Kong History*, pp. 92-93.

4 為甚麼香港、香港人能夠對辛亥革命運動的成功作出重大貢獻

I）港澳的有利環境

辛亥革命的思想理論在整個運動期間長期在香港宣傳推廣，輻射到國內外；多次起義都在香港進行組織工作；革命運動又獲得香港華人英才的財政援助及公開或暗中保護革命黨員的人身安全及協調輔助革命黨員進行計劃時的調動。這都不是歷史的偶然。

英國人沒有把大不列顛的代議制度帶來香港，但是他們確實給香港帶來了英國政府的概念以及英國的法律、教育制度。與中國內地任何其他城市相比，十九世紀的香港肯定對變革有更大的接受力。

香港雖然是一個殖民地，受英國人統治，但由於香港一早便成為法治之區，而香港的法律是根據英國法例制訂，因此，香港居民所能享受到的個人人權，在近代史上，反較處身於政治動盪的中國及其他亞洲國家的居民，獲得更大的保障。故此，對於一些外來的，反抗強權政府，倡導民主自由的革命分子，只要他們不觸犯香港的法例，不參與顛覆香港政府的任何活動，香港政府是容許他們居留的，更甚至會給予適當的庇護。

而且，香港是一個自由貿易港，自十九世紀末期開始，轉運貿易便蓬勃發展，購買及運輸軍火較其他地方容易得多；而航運又十分發達，旅客出入境亦異常方便；而商賈亦比比皆是，經常匯集在香江，成為革

■ 19 世紀繁忙的香港港灣

命黨籌募起義經費的理想遊說對象。因此，香港在十九世紀末期至二十世紀初這段時期，儼然成為亞太多個革命領袖活動的聖地。根據香港檔案資料顯示，越南、菲律賓以及夏威夷的革命領袖，都曾經在香港策劃起義，而香港與中國的辛亥革命則更有非常密切的關係。

移居香港的華人能夠從開明得多也穩得多的政府以及最小程度的官僚干預中受益，為自己在經濟舞台和政治舞台上爭取到有利的地位。因此，到十九世紀臨近結束的時候，香港開始出現一個受英式教育的華人集團，能在政治上、經濟上佔較高的地位，孫中山及支持革命運動的香港華人英才都是來自這個集團。

首先讓我們嘗試了解，十九世紀末和二十世紀初香港社會和它獨特的政治、經濟的背景是怎樣啟發孫中山及其他革命領導人物的革命思想的。在乙未首義發動之前，孫曾經前後在香港就讀和澳門行醫共七年多。當時香港在政治、經濟、社會各方面正經歷重大的變化，有飛躍的進展。處身在當時的香港社會，孫先生很容易目睹不少的現代化建設，要是將當時香港現代化的實況與國內作一比較，相信不難觸發出孫先生和其他早期革命黨員要推翻清政府的革命思想。

II）現代化的城市建設與革命思想的啟發

　　十九世紀香港在工商業和市政方面已有較現代化的建設。香港的造船業在 1880 年代下半期，突然飛躍猛進，每年至少可製成二十艘船。香港第一個旱塢是在 1857 年興建的，名為"賀普船塢"。香港黃埔船塢公司則是在 1866 年成立，初時只是集資 75 萬元，其後成為香港最大船塢公司。在 1899 年該公司已聘有員工 4510 人。1848 年至 1860 年末，香港已成立包括"省港澳輪船公司"在內的三家輪船公司發展航運。1871 年，香港創辦了第一個"公倉"。跟着在 1875 年，香港建立了第一個領航燈塔；而香港的天文台則在 1884 年建成。以上所提到的一系列十分現代化的港口、修造船業和碼頭倉庫的建設，令香港的航運業加速發展，成為世界上一重要的轉口埠。[171]

　　同期，香港的城市建設又已十分現代化。首先，香港在 1880 年代於改善城市環境衛生方面，有重要突破性的成就，這都是柴維克衛生調查報告書發表後帶來的結果。柴氏是英國皇家工程師，在 1881 年被英國殖民地大臣金巴利伯爵派遣東來，到香港全面調查當地的公共衛生情況。[172]

　　柴氏的報告書是在 1882 年發表的。次年，定例局即提出一項衛生修正法例，設立潔淨局，全權處理衛生事務，包括檢查不合衛生法例的民房。同年，定例局又將舊有的"潔淨"章程十二條，增加至二十條。[173] 從這個 1883 年第七條則例所擬定的二十條章程中，可以看到當時的香港，即孫先生正在求學的香港，已經有一個相當完善的清掃垃圾及糞料的制度。細看這些則例，都是非常嚴格而力求衛生的準則，而且都不是空設

171　霍啟昌：〈十九世紀香港的現代化與孫中山先生早期革命思想〉，《孫逸仙思想與中國現代化學術座談會》1 頁，北京。

172　霍啟昌：〈孫中山先生早期在香港思想成長的初探〉，《孫中山和他的時代》936-937 頁，中華書局，北京，1990 年。

173　同前註。

的，政府實際上都嚴格執行。這個制度即使用當今社會衛生設施的準則來衡量，亦可以算得是合乎標準了。

其他的市政建設亦十分現代化。在 1880 年初期，香港政府已立例批准商人建造電軌道以容許電車在市中運營。1888 年，第一部電車開始載客運行。港島堅尼地城至筲箕灣長達十一哩（英制長度單位，即英里。一哩等於 5280 英尺，合 1609 米）的電車線，亦於 1904 年全線通車。

蒸汽動力的渡海輪在 1870 年開始使用。1880 年已有正常渡海小輪服務，而到了 1898 年，天星小輪公司正式開始提供相當頻密的小輪渡航線。

電報系統 1870 年已在港創立，第一條海底電纜於 1871 年安裝敷設，並能通過這個海底電纜發電報到西貢、新加坡、英國等地。其後在 1880 年已能發電報到馬尼拉。到了 1894 年，從香港發電報已可到達上海、福州及馬來西亞等地。1881 年 6 月 24 日，港島首次裝設電話。香港電力公司於 1889 年開辦，在灣仔設廠房，翌年即開始供電。

1863 年，歷時四年興建的香港第一口水塘，即薄扶林水塘建成，開始為市民供水，儲水量從最初 200 萬加侖逐漸提升至 6600 萬加侖。在 1880 年代，港府又開築大潭水塘。這個工程費用達 60 萬元，所要建成的水庫有一條輸水道穿過渣甸山，途經港島北面的黃泥涌谷和灣仔峽，將飲用水輸入位於港島半山區的濾水池。[174]

上述的一些十九世紀香港的現代化建設，令不少當時曾經來香港的知識分子留下深刻印象是毋容置疑的。現隨便舉幾個例子來證明這個説法是正確的。

康有為於 1879 年路經香港時，即對此英殖民地的建設印象深刻：

174　霍啟昌：〈十九世紀香港的現代化與孫中山先生早期革命思想〉，《孫逸仙思想與中國現代化學術座談會》2 頁，北京。

"薄遊香港，覽西人宮室之瑰麗，道路之整潔，巡捕之嚴密，乃始知西人治國有法度。"因此啟發他對西學鑽研。梁啟超對此事亦加以證實："先生……及道香港、上海，見西人殖民政治之完整，屬地如此，本國之更進可知。因思其所以致此者，必有道德學問以為之本原，乃悉購江南製造局及西教會所譯出各書盡讀之。"

王韜於 1856 年避居香港時，即撰文提及香港的司法制度和防衛治安措施相當完善，並且十分欣賞香港政府能夠善於開源和理財。對香港當時一些現代化建設，王韜更是讚賞不已，認為是當時中國內地市政無法比擬的先進設施。例如他對薄扶林水塘能夠供應自來水到港島西區和中區，以及街道設立的煤氣燈便有這樣描述："泉脈發之山巔，流至博胡林（薄扶林）、黃泥涌數處，皆鐵箭置地中，引之貫注，延接流入各家。華民則每街之旁建聚水石池，以機激之，沛然立至，汲用不窮。於上環建煤氣局，夜間街市燈火咸以煤氣注燃，光耀如畫，仰望山巔，燦列若繁星，尤為可觀。"最後，王韜不禁慨歎："前之所謂棄土者，今成雄鎮，洵乎在人為之哉。"[175]

中國第一任駐英公使郭嵩燾在 1876 年出使英國，途經香港，亦藉此機會，視察當時香港學館和監獄情況，對香港的普通教育和監獄制度及設施都留下美好的印象。對教育設施有這樣的記評："其規條整齊嚴肅，而所見宏遠，猶得古人陶養人才之遺意。中國師儒之失教，有愧多矣，為之慨然。"對監獄管理亦多讚賞："所至灑濯精潔，以松香塗地，不獨無穢惡之氣，即人氣亦清淡，忘其為錄囚處也。"總之，郭氏認為較之國內同時的牢獄的黑暗，污穢與殘酷，實有天壤之別。[176]

晚清著名詩人黃遵憲 1870 年曾經到香港，在港賦有《香港感懷十

175　同前註，3 頁。
176　同前註，3-4 頁。

首》，內有慨歎之詞，既欣賞香港的進步和現代化建設，亦感懷落入外人手才有此情況出現：“火樹銀花耀，氍衣繡縷鋪，五丁開鑿後，欲界亦仙都”，“為誰刈藜蓲，遍地出芙蓉，方丈三神地，諸侯百里封，居然成重鎮，高疊矗狼峰。”與黃遵憲交誼頗深的廣東名才子潘飛聲，於1892年應《華字日報》聘請出任為該報主筆，在港所作之文章，編為《老劍文稿》，其中有《遊大潭篤記》，驚歎大潭水塘建設的實效，復感雖然鄉土相連，而香港已落外人手，由西人經營，環境何啻霄壤：“……英人初得香港通商，度大洋之水，鹹不可食，乃搜澤度泉，停注為潭。斯港遂為東來貿易第一繁盛之地。將荒山一片，化為金銀樓閣，佳麗綺羅，此潭所繫，不甚大歟！……以港去吾鄉里一日程，遊覽所至，渺若荒陬，若不勝去國離鄉之感，盱衡今昔，憂從中來。”[177]

　　上述的資料顯示，在十九世紀末期，一般曾經訪港的中國知識分子，都覺得與內地比較，香港是一個十分進步而又現代化的城市，當時在港求學的孫先生有同樣的感受，是絕對可能的事情，這正好是觸發起孫先生要推翻清政府的革命思想的主導線。個中實況，有關孫先生早期思想較直接的資料亦有數條提及。例如在《孫文學說》第八章 ──〈有志竟成〉篇，便有談及國父在大學的時代，怎樣與香港同學陳少白、尢烈、楊鶴齡幾位開始談革命：“……常往香港，昕夕往還，所談者莫不為革命之言論；所懷者，莫不為革命之思想；所研究者，莫不為革命之問題……此為予革命言論之時代也。”但對於他的革命思想是否受香港環境觸發，此條文並無任何揭示。

　　但孫先生在1923年2月20日於香港大學一次演講中卻曾加以解釋，他在演講詞中指出：“我之思想發源地即為香港。至於如何得之？則三十年前在香港讀書，暇時輒閒步市街，見其秩序整齊，建築閎美，

177　同前註。

工作進步不斷，腦海中留有甚深之印象。"孫先生尤其欣賞香港當時良好的"衛生與風俗"。孫先生演詞中所謂"衛生"，即是指當時香港政府釐定施行的"齊整及潔淨"制度。而所謂"風俗"，主要是指治安良好和政府官員腐敗事尚少："覺得鄉間與本港，確大相懸別。因在鄉間要做警察及看更人方可，因斯二者有槍械在手，晚上無時不要預備槍械，以為防備之用。由此想到香港地方與內地之比較，因香港地方開埠不過七八十年，而內地已數十年，何以香港歸英國掌管即佈置得如許妥當？……又見香港之腐敗事尚少，而中國內地之腐敗，竟習以為常，牢不可破。"[178]

孫先生這番感受，與上述康有為、郭嵩燾、王韜、黃遵憲以至潘飛聲對香港的感受，並無差別，都是感覺到香港是一個華人社會，但在英人管治下，竟然變得治安良好、秩序井然、建設現代化；比之國內治安混亂，公共事業無人管理，市政建設停滯不前，實有天淵之別。但英國人的良好政府並非與生俱來："並非固有者，乃人經營而改變之耳。"從前英國政府亦有其腐敗惡劣之處，但由於英人決意更張之，於是有志者事竟成，終於能達到目的。孫先生因而受啟發，得到結論：中國於國際間地位日低，聲譽日下，主要由於清政府腐敗無能，又不留意民生，只顧個人利益，不惜魚肉良民，妄加搜刮。孫先生眼光遠，大有見及此，於是認為目前急務，便是要推翻清政府，為中國建立一良好政府："從前英國政治亦復腐敗惡劣，顧英人愛自由，僉曰：'吾人不復能忍耐此等事，必有以更張之。'有志竟成，卒達目的。我因遂作一想曰：'曷為吾人不能改革中國之惡政耶？'"因此，孫先生特別強調："由此可知我

178　香港《華字日報》1923 年 2 月 21 日。學術界對孫先生這番話有不同的評價，有人認為當時香港亦有不少腐敗事，所以孫先生不盡了解香港的實情。但本文只是側重孫先生心目中這個"理想化的香港"對他革命思想的形成有一定的影響，而這是毫無疑問的一個事實。

之革命思想，完全得之於香港。"[179]

III）港澳經政環境造就富有及有政治地位華人

更重要的是，孫中山先生當時在港求學，能夠目睹香港華人開始爭取到較高的政治地位和經濟影響力。從 1880 年開始，港督已先後暫時及正式委任伍廷芳、黃勝及何啟等為定例局華人代表，而香港華人經濟影響力逐漸增強則是早在 1860 年代已開始。在第一章已有說明，現在再補充資料以茲確證這一點是對的。

港督羅便臣在 1864 年向英國殖民地大臣彙報香港事務的文件中提到："香港有今日的發展，是有賴在港華人……這些華人將香港變成中國沿岸貿易的中樞。中國華北及華南的產品，都在這裏轉手銷售到中國其他地方。"[180] 而到了 1881 年，港督軒尼詩在對本港華民紳商的演講中，更坦率、公開地承認，香港這段時間對外貿易獲得重大發展，因而帶來財富以開拓港島的經濟活動，是有賴華人在港強大的組織，並不是"盡由本部堂有所作為"所致。[181]

華人在當時香港經濟影響力的增強是無可置疑的，所以香港華人能夠支援革命黨員在港搞活動的龐大開支，亦是順理成章的事。而在革命運動整個過程中，捐助經費最為得力的李紀堂、李煜堂便是當時香港最有名氣的富商之一。

香港華人政治經濟地位提高，他們參與當時香港現代化建設以及對香港現代化社會的貢獻，不可能不在孫先生腦海中留下一定的印象。孫先生眼光遠大，有見及此，於是認為目前急務，便是要推翻清政府，為

179　同前註。
180　《英國殖民地部檔案編號 129》卷 92，1863 年 5 月 21 日。
181　《香港轅門報》1881 年 4 月 23 日，274 頁。

中國建立一良好政府。

十九世紀末期的澳門，亦有它現代化和繁榮的一面。其實，近代史上居住在澳門的華人是最早接觸西方文化科技的華人。葡萄牙人是最早從海路到達中國的歐洲人，他們自十六世紀下半葉入住澳門後，便以澳門為中心，致力發展與眾多亞太地區國家，以及歐洲、拉丁美洲的商業交往。因此在十六、十七世紀，澳門可稱得上是"海上絲綢之路"的一個重要據點；同時亦成為一個最早的中西文化交流和技術交換的中心。四百多年來，澳門是中國唯一從未關閉過的對外開放門戶或通道，一直是促進中西貿易與文化交流的重要橋樑。[182]

明清時，廣州一帶的士大夫有大量詠及澳門的詩詞，內容反映出明清士大夫對西洋人的奇風異俗、西洋物產技藝等多致以驚歎之詞，並且印象深刻，或甚至憧憬處身於澳門這個華洋雜處的地方，此種言論，在《澳門紀略》一書最為易見。所以，澳門成為清末知識分子的外向門戶，絕不是偶然的事。[183]

最早前往西方國家攻讀的三位華人悉數來自澳門的莫禮遜學校。其中兩位回國後，成為中國第一位西醫醫生和香港立法局的首任華人議員，而第三位則是創議選派學童前往美國留學的容閎。至於創建民國政府的中國近代偉人孫中山先生，則自小已對澳門嚮往，這是由於他的父親早年曾在澳門工作。澳門的確可以說是中山先生的外向門戶，因為他在十二歲時是經澳門乘坐英輪赴檀香山，開始接受西式教育，由此眼界大開，"始見輪舟之奇，滄海之闊，自是有慕西學之心，窮天地之想。"

最後要一提的是，西方的天花（牛痘）預防接種是由澳門傳入鄰近珠江三角洲一帶的，救活了不少嬰孩。而不少的鄰近華人亦是來到澳門，

182　K. C. Fok, "Portuguese Macau's Impact on the Pearl River Delta during the Ming and Ch'ing Periods", *Portuguese Studies Review*, Vol. VII, No. 2, 1999, pp. 46-47.

183　同前註。

首次接受西方外科手術，尤其是眼科手術。[184]

早在十六世紀末，澳門仁慈堂（Santa Casa da Misericórdia）已開辦了一家醫院和一家麻風病院。因此，很早期已能夠得到西方先進醫療技術服務的華人，有案可查的其實也不在少數。[185]

孫中山曾説：“則自中國有醫局以來，其主事之官紳對於西醫從未嘗為正式之提倡，有之，自澳門始。”

十九世紀末期，澳門的商會、俱樂部林立，生意興隆，這可以從最大的華人慈善機構“同善堂”所主辦的社會慈善事業中反映出來。同善堂於 1892 年創立，原為合港澳善士捐資以送時症丸散，贈醫宣講，送書執字紙等善事。其倡建值理竟然有 407 位商人之多，在 1892 年捐款長生祿位芳名列上有 176 名股商，而每位股商是要最少捐款一百元才能獲得祿位。[186] 由此可見，單是售賣祿位便能集資最少二萬大元（等於現今澳門幣七百萬元），[187] 小小的澳門在當時不能不説是一個繁盛商埠。

這主要是由於在 1847 年已獲澳葡政府批准合法經營的博彩業在十九世紀末期獲得長足發展。太平天國的動亂，令不少兩廣及珠江三角洲一帶的商人和富裕家庭逃避到澳門。在大量外來人口和資金推動下，再加粵、港政府不時禁賭，澳門博彩業開始繁盛。1880 年代中葉，澳葡政府的賭稅收入每年已有十幾萬兩。由於博彩業的繁榮，投資博彩業的商人都獲取巨利，於是湧現了一批家財鉅萬的澳門賭商，其中盧九、王祿及何建旺等便是表表者。[188] 這些賭商更將從賭業獲取的利潤，轉投到其他

184　同前註，48-49 頁。
185　同前註。
186　《同善堂壬午年徵信錄》12-16 頁。
187　參考澳門政府統計暨普查局由 1991 年至 2000 年共 10 年的消費物價指數通脹率，然後取其平均值 5% 作為每年增長率，故 120 年前的 2 萬，約合今日 700 餘萬。
188　胡根，《澳門近代博彩業史》，廣東人民社出版，2009 年，346-347 頁；402-413 頁。

項目，如開發土地、建築新區、發展金融及其他工商業等等，[189] 因此，澳門華人在這個時期開始爭取到較高的經濟地位及影響力。

由於澳葡政府所獲取的稅收亦不斷提升，因此令它能夠有資源改善市政建設。例如在 1884 年，澳葡政府批准港澳之間鋪設通訊電纜，亦同時聘請公司鋪設氹仔至澳門的電纜。1888 年，澳門議事公局在市內設立首間收費公廁。到了 1894 年更在全澳增設公廁八間。可見澳門城市衛生已具規模。1889 年政府已批准興建發電廠，而早在 1883 年政府已出資將公共照明系統由澳門延伸至氹仔和路環。[190]

從上述可得知，孫中山先生於澳門行醫時，澳門的市容及市政建設雖然比不上香港，但亦可稱得上是相當現代化。

更要注意的是，葡國共和政府是在 1910 年成立的，亦即是比辛亥革命成功早一年，但葡國的革命運動在十九世紀末期已展開，而不少在澳的葡國權貴都是擁戴共和政制的人，例如極力支持孫中山在澳活動的飛南第（Francisco H. Fernandes）和巴斯托（Antonio J. Basto）律師等便是。而飛南第和巴斯托及其同道在當時澳門的葡文報刊不時發表有關改革的言論。上文提及由於在十九世紀香港出版的英文及中文報刊經常報道評論有關中國政府及官員的腐敗行為以及中國較其他國家落後的情況，令孫中山先生及支持他搞革命的香港華人精英較容易接受改革的思想。澳門在同期同樣擁有類似香港這類西式近代報刊。其實澳門更是中國境內這類報刊的最早出版地。

十八世紀初期，葡萄牙政府頒佈法令，不容許海外屬土出版刊物。但到了 1820 年，葡萄牙立憲派黨人成功發動革命，推翻了君主專制政權，並通過了新聞自由法案，於是海外屬土出版禁令被撤銷。這導致第

189　同前註，368-372 頁。
190　同前註，365-367 頁。

一張澳門葡文報紙《蜜蜂華報》(週報)的創刊,而後其他不少葡文報刊
相繼出現。

據學者研究,從《蜜蜂華報》的創刊至辛亥革命成功這段時間,在澳
門前後出版的葡文報紙就有四十多份。[191] 孫中山於澳門行醫期間,在澳
出版而現存的報刊仍有十多份。值得指出的是,大部分在澳出版的葡文
報刊都壽命較短,因為它們都是政治性強的報紙,更甚至是不同政黨的
政治工具,用作互相攻擊,一些短命的報紙多是因為政治原因,被執政
者指言論攻擊政府而被勒令停刊或封閉。

例如,與孫中山先生有直接關係的,由其好友飛南第創辦的兩張報
紙,葡文版的《Echo Macaenese》及中文版的《鏡海叢報》都設有社論,
對澳門當時比較重大的政治、社會事件都加以評論,表達報紙對這些問
題的立場以茲警示政府及引導公眾。[192] 而這些社論亦有涉及宣傳改革的
言論,例如《Echo Macaenese》1893 年 8 月 1 日的社論便說:"這是(澳
門)同樣聽到對糟糕時局的不絕於耳的抱怨……已經到了變更體制的時
候了……我們要用自己的努力去爭取它,我們所有的人 —— 澳門的居
民、葡國人和中國人,聯合起來。"在本書前文已有説明,身為此兩報
負責人的飛南第不畏強權,敢於批評中國和澳門弊壞之政,對貪官污吏、
土豪劣紳的敗行,多有所揭露及批評。同期更有影響力的《獨立報》(O
Independente)則更是經常批評、攻擊當時澳葡政府的政策和施政。

飛南第創辦的兩張報紙一直都有報導孫的革命活動及刊登其言論。
雖然未有足夠證據證明孫先生有份參與此報章的運作,但他肯定了解這
些澳門報紙對宣傳革命言論、抨擊清政府的作用和效能,因為這兩張報
紙發行廣及香港、廣州、上海、廈門、日本、新加坡、帝汶及里斯本等

191　林玉鳳:〈澳門葡文報章的發展特點 1822～1999〉,《澳門研究》第十期,澳門基金會,117-163 頁。

192　見第二章。

地。[193]

　　孫在《建國方略》裏説："及予卒業之後，懸壺於澳門、羊城兩地以問世，而實則為革命運動之開始也。"在當時澳門社會，孫中山能夠接觸到一些具有近代化思想的人物，除了上述的飛南第、巴斯托外，還有盧廉若、盧怡若等人。

　　盧廉若是澳門第一代賭王之首盧九（焯之）的兒子。盧氏父子曾多年擔任澳葡政府公鈔局、治商局職務，在澳葡政府商務決策與市政管理方面很有影響力，盧廉若還曾獲葡國政府頒贈"基利斯篤"一等勳章。當今史家多知道孫先生曾獲盧九為總理的鏡湖醫院貸款設立中西醫藥局，但鮮提及孫先生來澳門寓革命於行醫亦可能與盧九、盧廉若父子有關。這可以在盧九另一兒子，盧怡若老先生的回憶中得知。[194]

　　1964 年，盧怡若以八十四歲高齡從澳門往台灣出席孫中山先生百年誕辰紀念時，接受台灣《新生報》訪問，談及盧家與孫先生的關係。盧老先生的故事十分有意思，而且比之其他任何革命文獻對孫中山先生在澳門行醫時已進行革命運動的報導較詳細。特將其記錄如下：

　　　　今年八十四歲，世居澳門的盧怡若老先生，曾與國父有過一段不平凡的交往，在當時來説，那是兩位志同道合者之間的友誼。盧老先生為了參加國父百年誕辰紀念，不辭辛勞地從遠地趕來。對於黨國來説，由於盧氏一家仗義，使國父免淪於滿清的魔掌，其功可媲美康德黎之於國父倫敦蒙難。

　　　　原來，七十年前，澳門聞人張心湖母病，群醫束手。盧氏的父親盧焯之，乃介紹國父來澳門，經國父悉心治療，張心湖

193　可參看澳門國際研究所於 2011 年出版的小冊子，霍啟昌：《緬懷孫中山澳門摯友飛南第》。
194　李敖：〈孫逸仙和中國西化醫學〉，99-100 頁。在任志林撰的《盧公怡若傳》（未刊稿）對此事亦有簡略提及。

母親的病很快就好了。大家見國父的醫術精良，都堅邀國父在澳門懸壺濟世。國父一方面覺得盛情難卻，一方面認為澳門不失為發展革命力量的好地方。經盧煒之先生的安排，進入鏡湖醫院，成為該院第一位中國西醫生，盧怡若就是在那個時候，初次和國父見面。

鏡湖醫院是澳門最大的一家慈善醫院，專為貧民免費看病。國父不但醫道高明，遇有赤貧者就醫時，更以自己的薪金資助，因此，當時的澳門，幾乎無人不知鏡湖醫院有一位"孫大夫"。

1892 年，國父借了鏡湖醫院一筆為數一千四百四十兩的銀子，在澳門另創中西藥局，大規模地施醫施藥，作為革命工作的掩護。這筆借款，一直到民國八年，才由孫科連本帶息還清。

除了中西藥局之外，盧家大宅 —— 娛園，也是革命黨人活動的大本營。盧怡若老先生就是在這一段時間內，經常受到國父的薰陶和感召，加入了革命黨，成為國父的得力助手。

後來，革命黨人的活動愈來愈活躍，國父的聲譽也日隆，受到了清廷的注意和妒嫉，決定除之而後快，幸好盧煒之先生交遊廣，得到消息之後，僱了一艘木船，託葡人菲若瑟（即飛南第）護送國父逃往香港，然後轉往國外，保存了此一革命種子。[195]

盧老先生這番說話自然會有史家質疑，何以在一屆高齡才公開談及盧氏家族協助孫先生搞革命的事蹟？關於此點，筆者有以下的分析。無

195　同前註。

■ 孫中山大總統蒞澳駐節盧園

錯，這裏盧老先生是要回憶數十年前發生的事，對記憶力衰退的八十高
齡人士來說史家是要小心鑒證其內容。第一，盧氏當時雖然是八十多歲，
但仍能長途跋涉從澳門往台灣參加典禮，證明他身體健康良好，記憶不
會太差。第二，他不辭勞苦趕去出席紀念孫中山百年誕辰慶典，證明他
與孫中山有深厚交情。革命成功後，孫先生在 1912 年 5 月曾由香港取道
澳門前往其故鄉翠亨村。停留澳門期間，孫先生曾在盧廉若、盧怡若兄
弟的娛園（即今盧廉若公園）住宿，並在園內養心堂共同拍照留念。這
證明盧氏兄弟確是與孫先生有深厚交情。盧怡若是澳門有地位的名門望
族，身為八十老人不會無故長途跋涉到台灣妄作謊言。而且細心考證上
文所提及的其他有關孫中山在澳時的事蹟，基本上與其他可信性高的革
命文獻的描述相吻合，因此認為盧氏的回憶錄可信性相當高。若此屬實，
則乙未首義失敗後，孫先生逃到澳門，最後成功逃避滿清鷹犬追殺，乘
船安抵香港，其救命恩人除了飛南第外，還應包括盧九、盧廉若及盧怡
若。

　　既然孫先生當年在澳門有這樣有權勢的華人暗中支持，無怪在《孫中山全集》第一卷《倫敦避難記》序言他曾說過這樣的話："時在西曆一千八百九十二年，予卜居於珠江江口之澳門……予之知有政治生涯，實始於是年，予之以奔走國事……實始於是地。"因此有可能孫先生的早期革命思想同樣受澳門社會環境所觸發。

IV）香港教育社會環境與支持策進革命運動的華人精英

　　畢竟在澳門能夠真正支持孫先生搞革命的華人權貴不多，因此對辛亥革命的貢獻，澳門華人比香港華人遜色得多了。這些在香港社會逐漸爭取到政治、經濟地位的華人英才是怎樣受啟發去支持孫中山先生搞革命的呢？這當然與他們所受的教育有密切關係。他們都是就讀於香港政府為香港華人子弟設立的英文學校，而他們大部分與孫先生一樣是在模範的官立英文學校——中央書院（即大書院）畢業的。

　　香港的華人為甚麼樂於送他們的子弟到中央書院受英語教學呢？因為香港是一個自由貿易海港，航運十分發達，成為中國與外地運輸的樞紐，香港的特殊環境令到香港華人學習西學的風氣遠較同期的國人為盛。同中國內地社會相比，十九世紀晚期的香港社會在經濟基礎上基本是商業的而不是農業的，因而在文化取向上無疑較少儒家色彩。一名於十九世紀晚期從家鄉前來香港學習英語的中國兒童後來回憶說，當時的香港是"對發展商業比對做學問更適合的地方"。[196] 他認為這是因為當地華人學生的父母大多數是商人。鑒於香港繁榮有賴於國際貿易的推廣，基於商務的實際需求，他們"並不期望兒子成為（儒家的）學者；他們所需要的只是孩子們應該……學好英語以便繼承父業或是開創新的生

196　F. T. Cheng, East *and West: Episodes in a Sixty Years Journey*, 1951, p. 42.

■ 19 世紀的中央書院

意。"[197] 所以一般香港華人的世界傾向比起中國內地的頑固儒家士大夫外向得多,眼界亦廣闊得多。[198]

在英文學校（特別是在中央書院）讀書的華人學生是這種世界觀的先驅。首先,這些學生的父母比他們的內地同胞對現實世界有更多的認識,對當時國際形勢的實況較為了解,因而也較能接受西方的觀點。例如,若果他們都通曉英語,便很容易在當時香港刊行的英文日報上閱讀到國際上的重大事件。在晚清民初期間,香港出版的英文日報有四份之多,分別是《德臣西報》、《孖剌西報》、《士篾西報》和《南華早報》。[199] 這些英文日報都是由一些有學識的西方商人創辦的,他們立志將世界各地的政治經濟實際情況,盡量替港人作忠實的報導。除了設立自己的世界新聞專欄,他們更十分關注中國國內形勢,因而不時按照主編各自不同的政治見解對在中國發生的重大事情作出評論。

197　同前註。
198　霍啟昌：《香港與現代中國》127-128 頁。
199　這四張報紙,除缺去很少外,都得以完整保存下來。

　　就是不懂英語的華人，亦不難在十九世紀末期香港出版的中文報刊內了解到同樣的事實。當時香港的主要中文報刊如《遐邇貫珍》、《香港中外新報》、《華字日報》和《循環日報》，除了非常重視刊登世界商業訊息之外，亦受香港英文報紙的影響，都闢有新聞專欄，報導中外各地的實況。[200] 但亦有不少文章和報導是介紹西方學說、歷史文物和科技知識給國人了解。例如大名鼎鼎的王韜就在《循環日報》寫了許多介紹西方學術、火器和其他西方科學題材的文章。他還編寫了一份關於 1870 ～ 1871 年普法戰爭的詳細記載，名為《普法戰紀》，並且介紹了法國、美國和俄國的歷史。《遐邇貫珍》則更不遺餘力以中文介紹西方的科學知識及原理，西方各國的歷史、政治制度以及風土民物，以便國人能"增益其聞見"，來加深中國和西方各國人民的相互理解。[201]

　　由於早期香港已有一定程度的新聞自由，只要不直接指名道姓批評香港政府，在報紙上發表不同的政治見解，一般不會受到干涉，所以讀者不時在中文報刊上閱讀到有關中國政府官員的腐敗行為，亦常常看到其他國家較中國優勝之處。香港這種特殊環境無疑令到華人學生的父母在他們下一代確定贊助新秩序的方向中起了很大的作用。有一個在香港居住的中國商人在聽到中國在甲午中日戰爭中敗北的消息後，立即勸告他的兒子說："我們的敵人學得更多，能夠做得較好。我們缺乏知識，特別是近代知識。"於是，幾個月後他就催促兒子學習英語。[202] 這個少年最後被送入中央書院，後來成為二十世紀初最受尊敬的中國外交家之一。[203] 關於其他一些在中央書院的香港學生很快從中國的外交挫敗中得出相當正確的結論，並且認識到中國在國際事務中的脆弱地位的故事，

200　參看林友蘭《香港報業發展史略》。
201　霍啟昌：《香港與現代中國》，127-128 頁。
202　F. T. Cheng, p. 43.
203　同前註。

可以很容易地舉出一些史料來證明，[204] 於此不再贅述。

官立英文學校的氣氛和文化環境也有助於學生們養成開明的和世界主義的人生觀。在中央書院成立之初，校方並沒有為非華人學生的入學作特別的準備。但是不久就有多種國籍的學生獲准入學，其中有英國人、日本人、意大利人、葡萄牙人、美國人、菲律賓人等。1882 年到任的中央書院第二任校長聲稱有 12 種國籍的兒童在他的管理之下。[205] 到 1889年，學生中除中國人和歐亞混血兒共 790 名外，還有 131 名註冊的外籍學生，包括英國人、希伯來人、德國人、日本人、穆斯林、葡萄牙人等，還有印度人和印度祆教徒各一名。[206] 據說孩子們很能和睦合作，這主要是學校當局同樣尊重各種信仰的政策的結果。例如，學校從來不會勉強要一個學生違犯他本族的社會習慣或宗教風俗。在伊斯蘭教的齋月或猶太教的結茅節（住棚節），都允許穆斯林和希伯來學生請假，而華人學生則於清明節和其他中國節日不用上課。[207] 由於同各種國籍和信仰的兒童自由混合在一起，華人學生就如自己處身於一個國際主義和世界主義的環境之中。

獨特的社會家庭環境對香港華人學生國際傾向的形成起了重要作用。至於他們所受教育的制度和課程內容則更可以說明他們對現實世界的認識。以中央書院為首的香港官立英文學校，其設立目的就是要為香港華人提供盡可能開明和寬廣的通才教育。除了漢語及英語外，中央書院建立後不久，就開設了代數、化學、幾何、歷史、地理等課程。1869年該校已設有實驗室，其後更陸續加設其他課程，包括拉丁語、莎士比

204　參看 Lyon Sharman, *Sun Yat-sen His life and its Meaning*, 1968, pp. 28-29; Tse Tsan Tai, *The Chinese Republic: Secret History of the Revolution*, 1924, p. 7.

205　Gwenneth Stoker, *Queen's College, 1862 ～ 1962*, p. 28.

206　同前註。

207　同前註。

亞著作、翻譯、文法、常識、作文等。[208]

　　港英政府設立這種歐洲風格的教育，其意圖在於提供當時被認為是國內教育制度所欠缺的內容。更重要的是在教授課程和測試學生學習水平時，都着重要求學生知道中國和中國以外的世界的情況，而學生還必須能夠對它們進行分析比較。這樣一份多元化的中西結合的培訓課程表，不單促進學生智力各方面同時發展，增進對彼此不同觀點的相互理解和容忍，並且以達成一個健全而開明的人生觀為目的。[209]

　　無可懷疑，這些在香港接受教育的華人學生比起同時代中國內地的學生，有着較高的西方語言水平，所掌握的西方學問和世界實際事務的知識也高深得多。尤其重要的是，這些英文學校的畢業生不但能夠運用西方語言，通曉自然科學、算學甚至商業事務，而且對中國學問亦有很充實的認知和了解。[210]

　　但令人困惑的是，他們同樣具有高度的愛國情操和為國效勞的使命感。要解答這個問題，有必要剖析一下香港華人對中國和香港的雙向感情。大部分香港官立英文學校學生的家長都是商人，他們都是在太平天國動亂期間從華南一帶逃難來香港的富商和其他人家。這些商人不單有卓越的商業頭腦，更懂得利用香港的有利環境，把遠洋貿易和中國沿海貿易連接起來，發展一種販銷華洋物產的行業，在香港歷史上，俗稱為金山莊及南洋莊的行業。這些金山莊和南洋莊的設立，確是對當時中港的經濟發展有莫大的貢獻。[211]

　　由於在晚清民初間華人富商在香港經濟影響力的增強，他們都樂意留在香港營商，他們的成就雖然是有賴他們辛勤創業的精神、營商的精

208　K. C. Fok, *Lectures on Hong Kong History*, pp. 18-19.
209　同前註，19-20 頁。
210　同前註。
211　同前註，103 頁。

密頭腦和超卓手法，但亦是憑香港特殊環境的多種有利條件所致。這些條件包括相對開明得多及穩定得多的政府，英國法制所給予市民生活和財產的長期保障，以及極力營造自由的經商環境，商人們遭受最少程度的官僚干預，這比起晚清在國內的所謂 "官督商辦" 的經營商貿模式實有天淵之別。[212]

作為香港華人社區的一些典範人物，亦由於香港是他們發跡的地方，自然對香港這塊土地有一定的感情，但他們亦非常關心出生地中國在帝國主義時代的悲慘命運。回顧這段時期，嚴復先生於 1895 年發表《天演論》，首次介紹國人認識社會進化論天然淘汰的理論，以及弱肉強食的規律。令國人震慄，都驚恐中國有亡國之災、滅種之禍，有志氣和思想的國人都強烈希望使中國富強起來。但其實孫中山先生在 1887 至 1892 年肄業西醫院時，對達爾文《物種起源》一類專著已 "最所喜讀"。所以大有可能，達爾文的進化思想啟迪孫先生去救國救民。

要指出的是，孫中山先生曾在港英設立的中央書院和西醫院攻讀多年。與孫一樣，他的香港同學都很容易在香港的報刊和其他書本獲知中國外交挫敗的故事，認識到中國在國際事務中脆弱的地位。鄭天賜亦是當時中央書院的學生，他是晚清、民國期間深懂國際法的傑出外交家。在他的回憶錄中曾提及為甚麼父母會送他到英文學校唸書，這是由於他父母得知中國於甲午中日戰爭慘敗的消息後，決定他的兒子要比中國的敵人學得更多的近代知識。[213]

但這些香港華人學生為國為民服務的使命感，則是由於香港政府樂意培訓香港華人為中國效勞政策所啟發，有以致之。這是難以令人置信的，但只需引述以下三位港英政府重要人物所說的話，便足以證明這個

212　同前註。
213　F. T. Cheng, *East and West: Episodes in a Sixty Years' Journey*, 1951, p. 42.

想法是正確的。

　　寶雲總督在 1884 年中央書院畢業授獎典禮上，提到該校十二名舊
生當時已在清政府擔任要職的時候，表示希望這些在香港接受教育的華
人，會在中國政府中取得大有影響的地位，而其影響力將被運用於實現
中國與外國政府的關係趨向更良好的相互了解。香港西醫院首任教務長
孟生博士在 1887 年的就職演講詞中指出，香港"應該在有關文明的一切
事項上成為中國的光明與引導的中心"，要求香港學生在向中國傳播醫
學上作出更多的貢獻。次任教務長康德黎博士在 1892 年的一次演講中，
極力勉勵學生要心中牢記一個偉大原則，是為"把科學和醫術傳播入中
國而奮鬥"。要指出的是，孫先生最早期的一些革命摯友都是從事醫學，
而孫本人最後棄醫從政是由於"繼思醫術救人，所濟有限"，而真的"欲
救國救人，非鋤去惡劣政府不可，而革命思潮，遂時時湧現於心中。"[214]

　　以上的申述可以得悉，那些負責為香港華人建立英國式教育制度的
官方人士和香港當時最傑出的教育家們，都不但關心中國事務和中國內
地居民的需要，而且期望香港華人學生能夠將所學到的西方科技傳播到
內地，對許多中國人民起啟蒙和造福的作用。因此，到十九世紀臨近結
束的時候，香港開始出現一個受過教育的華人集團，而這些華人大部分
以能替中國服務為己任，充滿着愛國的情懷。一直公開或暗中支持辛亥
革命運動的知名香港華人，如楊衢雲、謝纘泰、李紀堂、李煜堂、王寵
惠、黃詠商、何啟、胡禮垣、韋玉等都是出自這個華人集團。

　　在英國及國際上具有影響力的英國聯合商會為了促進英國在華的商
業利益，聘請查爾斯・貝雷斯福德爵士（Lord Charles・Beresford）從 1898
年 9 月 30 日起對中國進行探究性訪問。據他的訪華日記所稱，上述這些

214　李敖，〈孫逸仙和中國西化醫學〉108 頁，據民國元年 5 月 7 日孫中山先生在廣州嶺南學堂演
　　講"非學問無以建設"稿。

西化華人是"隸屬於中國大商巨賈家族的買辦"。他們受過最好的教育，是最有智慧的中國紳士。他們還"非常了解自己的國情，非常了解西方文明與進步的思想。"簡言之，這些香港華人的意見是香港政府和英國政府都非常看重的。他們對於維新運動的方式方法抱着完全批評的態度，認為康有為的改革"操之過急，卻沒有保證其成功的組織體系。"[215] 這番話是對上文所述有關香港華人充滿愛國情懷的最佳證明。

特別要一提的是，由於有權勢的華人在香港政府內的影響力，所以能夠在各方面上給予在港革命黨員諸多支持，並常暗中給予庇護。例如，曾慷慨資助、策劃乙未首義的黃詠商便是黃勝議員的兒子，而繼黃勝之後任定例局議員的何啟和韋玉都是大大同情和暗中贊助中國革命黨人在港活動的。何啟一直是香港華人首席代表，可算是香港經政風雲人物，礙於他在港英政府的特殊地位，所以他很小心掩飾跟革命黨的關係。為大眾知曉的只是在庚子廣東獨立運動當中，曾替革命黨與港督卜力擔當溝通工作。但港督梅軒利在 1903 年 1 月 22 日送給英國殖民地部大臣的報告書中，則何啟和韋玉跟革命黨的密切關係顯露無遺。梅氏說："無可爭辯的證據顯示，遠在革命爆發之前，這兩位先生就都得到革命黨人的信任，革命黨的會議經常在韋玉先生家裏舉行。"[216] 梅氏認為韋玉的行為應受到譴責，因為"在革命前好幾個月內，他聽任自己的住宅被用為密謀反對清政府的會議場所，而且參與了密謀者的機密，這件壞事是眾所周知的。"[217] 至於何啟的行為，梅氏認為更加應受譴責："這是華人社區全體居民所熟知的，無可置疑的事實，在革命前好幾個月內，何啟他亦參與革命黨人的機密，實際上當他們的顧問，指導他們可以活動到甚

215　Lord Beresford, *The Break Up of China*, 1899, p. 196.

216　《英國殖民地部檔案編號 129》卷 399，270 頁。

217　同前註，271 頁。

麼程度就不至違犯香港法律條文的規定。可是他未將正進行中的這場運動向本港政府報告。"[218]

有必要討論一下，這些富有的香港華人領袖如何啟、韋玉、黃詠商等人何以會甘冒喪失港英政府歡心的危險而願意為革命黨人效勞呢？蔡榮芳對研究買辦思想家的境況很有心得，他認為作為香港華人社區的一個典範人物，何啟長期懷抱着"買辦愛國者"的強烈而矛盾情感。[219]真的，作為香港立法局議員，何啟除了要向英國王室宣誓效忠和要代表香港華人爭取利益和發言之外，也經常北望神州，非常關心中國在帝國主義時代的悲慘命運。何啟必須要向這三方面效忠，而這三方面存在着難以調和的利益和關係。處於此境況，何啟只得不斷地平衡這三方面的利益和關係。這解釋了何為甚麼只能暗中支持革命黨而不能公開他與革命黨的密切關係。那麼，何啟等人的愛國心又是從何而來呢？根據兩位研究這個問題的學者的意見，香港的殖民地環境很容易在華人心中醞釀出恥辱和憤怒的真誠感情，對於一些能用心思索的華人，這種情緒不難喚起他們的民族感，或者更準確地說，喚起了他們的愛國心。[220]

要直接了解何啟和一般香港華商的真正內心世界，還是最好去嘗試閱讀何啟和他親密朋友胡禮垣合著的文集《新政真詮》。[221]何、胡兩人在這本書中表達了許多海外華人的情感和受挫折的怨憤，他們寄望有一個強有力的中國政府來支持和保護他們，讓他們在受外國資本主義支配和控制的不利形勢下，仍能憑他們卓越本領努力建立一個海外華人商業王

218　同前註。

219　Tsai Jung-fang, "The Predicament of the Compradore Ideologists" *Modern China*, 1981, pp. 204-209.

220　兩位學者是 Paul Cohen 和 Linda Pomerantz Shin。見 Paul Cohen, "Littoral and Hinterland in Nineteenth Century China: the Christian Reformers" in John K. Fairbank, The missionary Enterprise in China and America, pp. 214-215.

221　現今學者普遍相信《新政真詮》的文章原由何啟以英文書寫，然後交胡禮垣翻譯為中文。

國。[222] 從這個角度來看，受英國殖民地政府管治和受英式教育的香港華人同時又是愛國者，是發展故鄉教育、慈善福利醫療事業的支持者，或甚至意欲改良革新中國政府，就不會那麼難以理解和接受了。這也說明了香港華人何以會熱烈支持辛亥革命運動。而這種情況當然逃不過當時觀察力比較敏銳的眼睛。比如，1911 年 5 月 29 日發行的《士篾西報》（或稱《香港電訊報》）已經注意到香港華人領袖（特別是商人階層領袖）在革命活動中的積極作用。據該報說："熱心支持反清起義，慷慨獻出財產資助革命的人，沒有哪個地方比香港更多的了。" [223]

另一批對革命思想能有所啟發，參與或支持革命運動的香港華人是工人、其他勞動生產者以及三合會會員。據一位學者深入的研究認為，在十九世紀末二十世紀初"香港中國工人身受港英殖民統治的壓迫與歧視，又受中、西僱主的剝削，生活艱難，懷有改善處境的迫切願望和強烈反抗精神。" [224] 據他估計，1844 至 1899 年間，重要的罷工至少有十次之多，這是由於罷工是工人展開鬥爭最主要的方式。[225] 革命成功前，孫中山先生在港澳居住期間，最少經歷過三四次工人罷工，而這些罷工都有其顯著的特點，就是反對港英當局的殖民統治，具有鮮明的愛國色彩，但缺乏堅強統一的領導。[226] 而正在香港求學且血氣方剛的孫先生不能不受這些罷工運動所衝擊，但是否由此觸發他要革除積弱的清政府，有賴學者深入研究。但從孫先生本人所說過的話去看，已有蛛絲馬跡可尋，"予自乙酉中法戰敗之年（1885）始決傾覆清廷，創建民國之志。"而在中法戰役期間（1883 ～ 1885），香港爆發了驚天動地的反法大罷工，首

222　Tsai Jung-fang, pp. 206-207.
223　*Hong Kong Telegraph*, 29 May, 1911.
224　余繩武，劉存寬主編：《十九世紀的香港》，中華書局，北京，1993 年，405-406 頁。
225　同前註。
226　同前註。

次打破行業界限，出現了類似同盟罷工的局面。筆者同意徐曰彪先生的意見，認為香港在十九世紀末期二十世紀初的職工罷工行動可以當是中國民族民主革命運動的組成部分。[227]

V) 武昌起義成功與香港華人的反響

由於孫中山及其領導的革命黨人長期在香港進行革命活動，播下了革命的種子，也由於香港作為中西文化交匯之地受西方思想文化影響較深，多數香港華人皆同情與支持辛亥革命運動。香港英文日報《德臣西報》報道說："斷言每一百名香港華人中有九十九名同情亂黨（指革命黨），而且也許有百分之七十五是狂熱地，不顧一切地同情的，是準不會錯。"[228] 香港總督盧押（F. Lugard）在給英國殖民地部大臣的報告中回顧了廣東宣佈獨立後數天內香港的局面，他說："香港居民在感情上是熱烈支持共和的。"[229] 約在兩星期後，盧押在送給殖民地部的文件中再次強調"香港華人幾乎全部都不僅是同情革命，而且深為強烈的革命熱情而激動。"[230]

1911 年 11 月 6 日，香港一家中文報紙收到一則後來證實並不真實的消息，聲稱北京已經陷落，滿人已經逃遁。這個消息如一石激起千層浪，使平靜的香港頓時沸騰了。香港華人欣喜若狂地湧上街頭舉行慶祝活動。鞭炮聲震耳欲聾，歡呼聲經久不息，革命黨人的旗幟到處揮舞。在香港燃放鞭炮是違法的，但這次自發出現的燃放鞭炮遍及香港各地，使得港府不可能進行檢查和制止。與歐洲人相比，華人是一個內向含蓄、

227　同前註。
228　《英國殖民地部檔案編號 129》卷 381，203 頁。
229　同前註，47 頁。
230　同前註，200 頁。

老成持重的民族。香港華人在這次慶祝活動中表現出來的高度熱情令港英當局大吃一驚。港督盧押在給殖民地大臣的信中說："這成為本殖民地歷史上的所見所聞中最令人驚訝的爆炸性場面。""看來整個華人居民一時間皆欣喜若狂。"各種慶祝活動"對華人來說是一種最不尋常的狂熱的方式。"[231]

11 月 9 日，廣東宣佈共和獨立。10 日，著名革命黨人胡漢民由香港抵達廣州，就任廣東都督。在廣東光復後成立的軍政府中有不少香港知名人士擔任重要職務。例如，李煜堂為財政部長，伍廷芳為外交部長，陳少白任外交部副部長，何啟、韋玉為總顧問官，李紀堂、陳少白為樞密處成員。[232]

廣東軍政府成立時，面臨嚴重的財政困難。兩廣總督張鳴岐逃跑時席捲而去，官庫極度匱乏，軍隊給養、政府開支均無來源。軍政府只好向商人借款，廣州、香港商人均踴躍墊支。李煜堂通過楊西岩、陳賡虞等借得港商款四十萬。[233] 另據港督盧押致殖民地大臣的信函，廣東軍政府代表曾到香港聽取華人領袖的建議，並尋求金錢援助。據有人向港督報告，港商已捐款大約一百萬元。[234]

聽到廣東宣佈共和的消息後，香港華人於 11 月 12 日（星期日）再次關閉店舖、湧上街道興高采烈地舉行慶祝活動。據 11 月 14 日香港《孖剌報》估計，這次慶祝活動，僅燃放鞭炮即花費了十萬港元。

11 月 17 日，港督盧押從華民政務司哈利法克斯（E. R. Hallifax）處獲

---

231 〈盧押致哈考特函〉，1911 年 11 月 23 日，英國殖民地部檔案 C.O.129/381，第 196 頁。

232 李新主編：《中華民國史》第一卷（下），中華書局 1982 年出版，381 頁。

233 《孫中山與辛亥革命史料專輯》，廣東人民出版社，1981 年，112 頁。

234 〈盧押致哈考特函〉，1911 年 11 月 23 日，英國殖民地部檔案 C.O.129/381，198 頁。另據馮自由著《革命逸史》初集中〈李煜堂事略〉一文記載："辛亥廣州光復，先生被推任財政司長，民軍所在嘩噪，先生在港一夕而籌餉八十餘萬，飢卒乃就撫聽命，庫儲亦以次就理。"八十餘萬與一百萬這兩個數字接近，當時廣東軍政府派往香港籌款的代表應該是李煜堂。

悉，香港華人建立了一個強有力的委員會，表面上是為了振興貿易，其主席是在香港潔淨局擔任正式職務的香港華人（劉鑄伯 —— 筆者註）。[235]

香港華人對武昌起義成功和廣東光復的強烈反響使得香港英國當局坐臥不寧。面對大多數香港華人同情和支持革命的現實，他們不得不作出某些讓步。同時，他們又採取種種措施控制局面，防止革命形勢的發展影響英國對香港的殖民統治。

11 月 6 日，香港華人首次舉行慶祝活動時，港督盧押即命令一支特別的警察巡邏隊在各個街道來回巡視，查看有無騷亂發生。他本人整個晚上都守候在電話機旁，與警察保持聯繫。當時一些香港華人聚集在一家保皇派中文報館前示威。如果示威群眾出現越軌行動造成騷亂，港督準備召喚隨時待命的軍事巡邏隊前去制止。[236]

獲悉香港華人準備舉行示威慶祝廣東宣告共和，港督盧押於 11 月 11 日將立法局的兩名華人議員何啟和韋玉請到督憲府。韋玉解釋説：在香港，人們的感情很容易傾向共和派一邊。不可能制止舉行示威，而且這種示威僅限於燃放鞭炮兩小時和關閉店舖。港督盧押當即表示反對舉行任何示威。他指出：不能正式承認共和國，其地位尚不穩定。同時，猜想北京陷落而自發舉行示威是可以原諒的，可以視而不見，但對違反法律的事情不能再次視而不見。何啟和韋玉連忙解釋説：擬議中的示威是對廣州未經流血即改變其效忠表現出的一種寬慰，是很自然的一件事，並未與政治搞在一起，因為許多港人在廣州皆有親戚。港督最終命令華民政務司就示威一事發佈通知，允許次日中午 12 時至下午 2 時燃放鞭炮，以慶祝廣州避免了流血。[237]

235　同前註，199 頁。
236　同前註，197 頁。
237　《1911 年 11 月 11 日會晤何啟醫生、韋玉先生記錄》，1911 年 11 月 13 日，英國殖民地部檔案 C.O. 129/381，210 頁。

VI）結論

　　歷史學家對於甚麼事物或人物對辛亥革命成功的貢獻最大這個問題，必然會繼續爭論下去，但是不可否認的事實是，中國革命黨自創立興中會以至辛亥革命成功的 18 年期間，經過乙未廣州首義、庚子閏八月惠州三洲田之役、壬寅除夕洪全福之役、丁未四月潮州黃岡起義、同月惠州七女湖之役、庚戌正月廣州新軍之役、辛亥三月廣州黃花崗起義、又九月廣東光復之役等，每次起義都是利用香港作為基地、重要策劃中心或聯絡站，以便調度軍械及人員。例如，起義所需的火藥槍械，每次都是從外地購入香港，然後運輸至起義的地點。又各次革命起義的經費，大部分都是從香港愛國華人處募捐得來的。又每次起義失敗後，曾參與行動的革命黨人，大都逃避到香港。由於他們都懂得在香港奉公守法，因此當時的香港政府並無反對他們居留。所以香港就成為革命黨員逃避滿清鷹犬追殺的一個理想避難場所。

　　除此之外，在辛亥革命運動整個過程裏面，不少重要的事物與香港均有密切的關係。例如，革命黨的第一份革命刊物《中國日報》，便是在香港創辦的。又如在革命運動早期歷次起義都扮演相當重要角色的同盟會香港分會，便是在香港成立。而在革命運動後期，同盟會一些重要的內部組織，亦有不少是在香港成立的，例如同盟會南方支部及同盟會統籌部等等。而甚至以同盟會會員為支幹，專門去暗殺滿清大員的支那暗殺團，亦是在香港組織的。

　　革命運動除了在起義時需要大筆經費援助，就是平時，革命黨員都要一筆為數不少的經費去應付固定的支出，好像如上述在香港各處設立機關總部、招待所，辦報刊宣傳革命工作，都是有賴不少愛國港人在經濟上大力支援，才能令到革命運動得以度過早期一段艱苦的日子，能夠延續下去。

　　香港在替革命黨推廣及宣揚革命宗旨和革命言論上，又曾立下了不少汗馬功勞。最後，由於香港在十九世紀末期至二十世紀初期的獨特教育、經濟、商貿及政治環境，即較自由、多元、開明、通達世界的優勢，培育出一批富愛國情懷的香港華人精英，樂於出錢出力，去支持及暗中維護革命黨員在香港策進的革命運動。辛亥革命最後能夠成功，實是有賴以致的。

　　至於澳門，當國父孫中山策劃乙未首義失敗，被清政府追殺，逃到澳門，幸得好友拯救，逃出生天，否則早已壯烈為革命運動犧牲。孫文將無法領導革命運動而歷史亦要重寫。所以亦不能說澳門、澳門人對辛亥革命成功沒有貢獻。

　　基於上述香港和辛亥革命運動的深厚關係，以及澳門在最早期的貢獻，我們可以斷言，港澳及港澳華人對辛亥革命運動能夠最後成功是功不可沒的，沒有港澳華人的支持，中國近代史上革命的進程無疑將會採取不同的形式和方向。

商務印書館 讀者回饋咭

請詳細填寫下列各項資料，傳真至 2565 1113，以便寄上本館門市優惠券，憑券前往商務印書館本港各大門市購書，可獲折扣優惠。

所購本館出版之書籍：_____

購書地點：_____ 姓名：_____

通訊地址：_____

電話：_____ 傳真：_____

電郵：_____

您是否想透過電郵或傳真收到商務新書資訊？ 1□是 2□否

性別：1□男 2□女

出生年份：_____年

學歷：1□小學或以下 2□中學 3□預科 4□大專 5□研究院

每月家庭總收入：1□HK$6,000以下 2□HK$6,000-9,999
　　　　　　　　3□HK$10,000-14,999 4□HK$15,000-24,999
　　　　　　　　5□HK$25,000-34,999 6□HK$35,000或以上

子女人數(只適用於有子女人士) 1□1-2個 2□3-4個 3□5個以上

子女年齡(可多於一個選擇) 1□12歲以下 2□12-17歲 3□18歲以上

職業： 1□僱主 2□經理級 3□專業人士 4□白領 5□藍領 6□教師 7□學生
　　　 8□主婦 9□其他

最常前往的書店：_____

每月往書店次數：1□1次或以下 2□2-4次 3□5-7次 4□8次或以上

每月購書量：1□1本或以下 2□2-4本 3□5-7本 4□8本或以上

每月購書消費： 1□HK$50以下 2□HK$50-199 3□HK$200-499 4□HK$500-999
　　　　　　　 5□HK$1,000或以上

您從哪裏得知本書：1□書店 2□報章或雜誌廣告 3□電台 4□電視 5□書評/書介
　　　　　　　　　6□親友介紹 7□商務文化網站 8□其他(請註明：_____)

您對本書內容的意見：_____

您有否進行過網上購書？ 1□有 2□否

您有否瀏覽過商務出版網(網址：http://www.commercialpress.com.hk)？1□有 2□否

您希望本公司能加強出版的書籍：1□辭書 2□外語書籍 3□文學/語言 4□歷史文化
　　　5□自然科學 6□社會科學 7□醫學衛生 8□財經書籍 9□管理書籍
　　　10□兒童書籍 11□流行書 12□其他(請註明：_____)

根據個人資料「私隱」條例，讀者有權查閱及更改其個人資料。讀者如須查閱或更改其個人資料，請來函本館，信封上請註明「讀者回饋咭-更改個人資料」

香港筲箕灣
耀興道 3 號
東滙廣場 8 樓
商務印書館 (香港) 有限公司
顧客服務部收